体にうれしい

果実酒・野菜酒・薬用酒 200

はじめに

本書を手にとってくださり、ありがとうございます。

はじめまして。私は薬用酒レシピ開発者で野菜ソムリエプロの福光佳奈子と申します。


私が薬用酒作りを始めたきっかけや経緯について、少々お話させてください。

会社員時代、梅酒が大好きすぎて、全国の梅酒をとり寄せるようになりました。

自分の好きな味に出会いたいという思いが高まり、２００５年に梅酒作りにチャレンジ。これが私の薬用酒ライフのはじまりです。

梅酒以外にもフルーツを使った薬用酒を複数種類、作るうち、鮮度や品種によって味や栄養価が異なることに気づき、野菜とフルーツの知識を深めるため、２００８年に野菜ソムリエを取得。

資格取得後は、フルーツだけではなく、野菜や漢方食材、ハーブなどの食材を使った薬用酒レシピ数を増やしていきました。同時にカクテルレシピもふやしたり、料理酒としての活用方法を発見したりと、趣味として薬用酒作りを楽しみました。

その一方で、会社員の時代は残業が月200時間を超える激務の日々。ついに慢性不眠に陥り、簡単な会話すら理解できないほど思考力が低下。強い全身の倦怠感や激しい頭痛がつづきました。睡眠と健康をとり戻したい一心で、食材の栄養成分や機能を分析していくうち、ふだんなにげなく食べている食材にはすべて「薬効」があることに気がついたのです。

食材が持つ薬効を理解し、〝薬用のお酒〟としてとり入れ、さらに朝の散歩を日課にして規則正しく寝起きするよう心がけていくと、少しずつ症状は快方に向かい、気持ちまで明るく前向きになることに周囲からも驚かれました。

心身ともに元気になってからは、さらに薬用酒への興味は加速。エディブルフラワー（食べられる花）や、日本のごく一部でしか栽培されていない希少なフルーツなど、食材の幅は今もなお広がりつづけています。

本書では200種類の薬用酒レシピや効能、食材の選び方、おすすめの飲み方など、薬用酒の魅力を余すことなく書きました。ぜひ、みなさまの薬用酒作りに役立ててください。

野菜ソムリエプロ　福光佳奈子

体にうれしい
果実酒・野菜酒・
薬用酒200

CONTENTS

第1章 果実酒……15

梅酒

春の果物

夏の果物

秋の果物

冬の果物

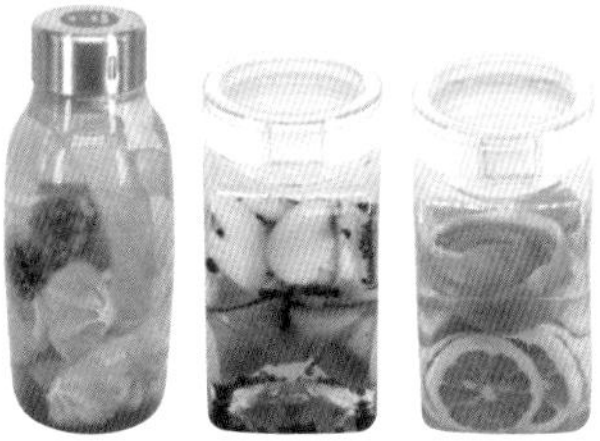

通年の果物

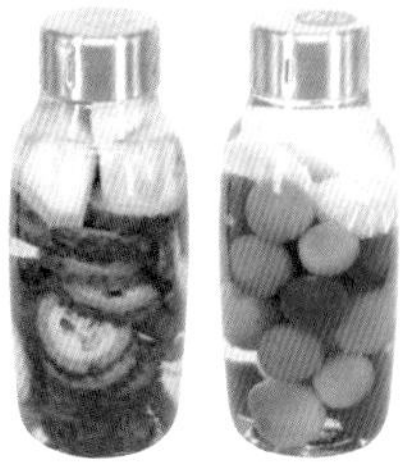

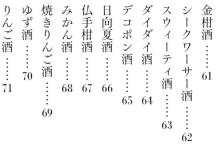

第3章 花・ハーブ酒……121

第4章 お茶酒……155

はじめにお読みください

薬用酒（果実酒、野菜酒、花・ハーブ酒、お茶酒などを含む）の世界へようこそ。
この本の薬用酒レシピは、健康的で美容によく、そしてエコ。
とにかく、こんなに魅力がいっぱいです。

ふだんは捨ててしまう部分にこそ豊富な栄養素が含まれています

フルーツによっては、実だけでなく、皮や種、軸などふだんは捨ててしまう部分まで漬け込むことで、良質なおいしいエキスが浸出できます。しかも、豊富な栄養素とエコの精神にもかなっています。とり出した実はジャムに、スムージーにと再利用法があります。

自然の恵みを余すところなく、利用できることも薬用酒の魅力のひとつです。

薬用酒を小ボトルで少量を気軽に作れるレシピ集です

フルーツを使った手作りのお酒というと、梅酒を漬ける大きなびんをイメージしませんか？

この本で紹介するお酒のレシピは、500mℓから1.4ℓの保存容器に入る分量が中心です。気軽に作れる分量のレシピを提案しています。小さい容器なら、漬けた後は保管場所に困らないというメリットもあります。また、少量でしたら、材料代も安価ですみます。

まず本のレシピで作ってみてそれから自分好みにアレンジを

初めて薬用酒を作るかたは、この本のレシピどおりに作ってみてください。完成して飲んでみて甘みが足りないなと感じたら、飲むときに、グラスにシロップなどの糖類をプラスするのもよいでしょう。

この本ではレシピにある以外の、おすすめのベース酒をご紹介しています。好みにアレンジして、自分の味をみつけてください。

体にやさしく、美容にもよい栄養がたっぷり

着色料などはいっさい使わず、天然の有効成分たっぷりの食材を漬け込みます。だからとにかく体にやさしいのです。とくにビタミンCやミネラルなど美容によい成分を含んだお酒をこの本ではたくさんそろえています。材料は無糖

もしくは微糖なのでヘルシー。その分、漬け込んだ材料本来の味をしっかりと生かしています。

時短でおいしく熟成できる工夫もしています

本書では即日飲めるお酒も掲載していますが、基本的に飲みごろを迎えるには1カ月から半年はかかります。それでもアルコール度数が低いベース酒を利用して熟成しやすくしたり、素材をカットしてエキスを抽出しやすくしたりと、できるだけ熟成期間を短くなるよう工夫をしています。少し時間をかけておいしくなった薬用酒を飲んだときの喜びはひとしおです。

薬用酒は料理酒としても使え、飲めない人でも楽しめます

意外に思われるかもしれませんが、薬用酒作りはあまりお酒が飲めない人にもおすすめです。なぜなら、料理酒や保存食としての用途もあるからです。加熱すればアルコールはゼロになりますし、漬け込んだ酒はうまみエキスや栄養がたっぷり浸出しています。食材そのものよりも漬け込んだお酒のほうが、栄養素が凝縮しますので、効率よく手軽に高い栄養素を摂取できます。ふだんの料理酒よりも驚くほどおいしさや風味がアップ。さらに、食材に味や香りがすぐに浸透するため、調理の時短にもつながります。

スパイスを保存食としておいしさをキープ

賞味期限の長い乾燥食材も、日にちがたつと色や香り、味のすべてが劣化してしまいます。

野菜やフルーツなどの生の食材同様に、乾燥食材も鮮度が重要です。賞味期限に関係なく、早めに使いきることが望ましいですが、なかなか難しいですね。カレーやチャイに使うカルダモンやクローブ、お菓子作りに使うシナモンやバニラビーンズなどはスパイスをそのまま使うのではなく、鮮度のよい状態のときにお酒に漬け込んでから使ってみてはいかがでしょうか。

素材選びについて

生のもの

フルーツ、野菜、ハーブなど、生の食材を漬ける場合は、旬のものを漬け込みたいものです。旬の食材は一年の中でもおいしさはいちばんで、栄養価が高いからです。しかも価格がお手ごろです。

完熟したフルーツや野菜は食べるとおいしいですが、薬用酒においては別。雑味が出やすくなるのです。完熟より少し前のものを使いましょう。

とれたての新鮮なものは味や香りが強いので、手に入れたら早めに漬け込むことが大切。野菜やフルーツの表面に傷があれば、その部分は避けましょう。傷などから濁りや雑味が出ることがあります。表面がきれいなものを選ぶのも大事なことです。

また、市販品のほかに野生のものを利用してもよいのですが、花や葉、きのこ、フルーツなどには有毒のものがあり、それらをきちんと見分ける正確な知識が必要です。

乾燥のもの

ドライフルーツやドライハーブ、スパイスなどの乾燥食材は、保存がきくものですが、やはり鮮度が大事です。作って時間がたっていないものは、味や香りがしっかりしています。おいしくお酒に漬け込むなら、できるだけ新鮮なものを選びましょう。

またドライフルーツは、合成着色料などが添加されているものもあります。生とは違う、乾燥されて凝縮した本来のおいしさをお酒で味わいたいものです。薬用酒には添加物がいっさい使われていない、無添加で乾燥加工されたものを使ってください。

ベース酒について

果実酒に使われるベース酒といえば、ホワイトリカー(主に甲類焼酎35度)。無味無臭でクセがなく、素材本来の味を生かしたい果実酒向きです。ウイスキー、ブランデー、ラム酒、ウォッカ、テキーラ、ジン、日本酒、泡盛など、薬用酒に使えるお酒はいろいろあります。

この本では、それぞれの持ち味を生かし、漬ける素材と相性のよいベース酒を組み合わせました。もちろん、みなさんが好きなベース酒にアレンジしてOKです。

ただし、酒税法の規定により、いずれもアルコール度数20度以上のものを選んでください。アルコールによっては90度以上など、かなり高いお酒もありますが、薬用酒に使うのは高くても50度くらいまでにしてください。高すぎるものは熟成しにくく、容器が傷む場合もあります。

ベース酒には、テキーラ、ホワイトラム、焼酎、ジン、ウォッカ、ブランデー、ウイスキー、ダークラムなどがある。

糖類について

糖類は漬け込んだお酒の熟成を助ける作用や腐敗を防ぐ働きなどがあり、薬用酒には大事な材料です。最もよく使われるのは氷砂糖。純度が高いため透明なお酒に仕上がります。ほかにも、甘みをつけたいときはハチミツや巣蜜を、独特の甘みとコクを加えたいときは黒砂糖を使っています。

家族で楽しめるように、無糖や微糖のレシピにしてあります。甘いお酒が好きなかたは飲むときにシロップなどを足してみてください。

副材料について

果実酒は甘みと酸味のバランスが大切。甘みの強い素材にはレモンを組み合わせることが多く、自然な酸味が加わりバランスがとれます。

ただしレモンを入れたまま放置すると苦味が出すぎて飲めなくなります。皮つきレモンは1カ月、皮なしレモンは2カ月が限界です。必ず引き上げましょう。

保存容器について

薬用酒は長期保存するので、カビや腐敗を防ぐためにも、空気にふれさせないようにすることが大切。ふたでしっかり密閉できる容器を使いましょう。漬け込んだ素材をスムーズにとり出せるよう、広口のものがベスト。中身が直接ふれる部分は金属性のものが使われていないガラス製なら安心です。

手作り酒に初めて挑戦するとき、案外、悩むのが容器のサイズ選び。全材料が8割程度におさまるサイズが目安です。

この本では果実酒や野菜酒などは800mℓ、1ℓ、1.4ℓを使っています。薬酒のスパイスなどで500mℓです。

保存容器はきちんと密閉できれば、空きびんでも構いません。スパイスのお酒なら、500mℓぐらいのお酒の空きびんをそのまま再利用してもよいでしょう。

容器の消毒

長期保存のために、容器の殺菌作業は必須です。ホワイトリカーなど、30～50度程度のアルコールをキッチンペーパーに含ませて、容器をまんべんなくふきとります。

1

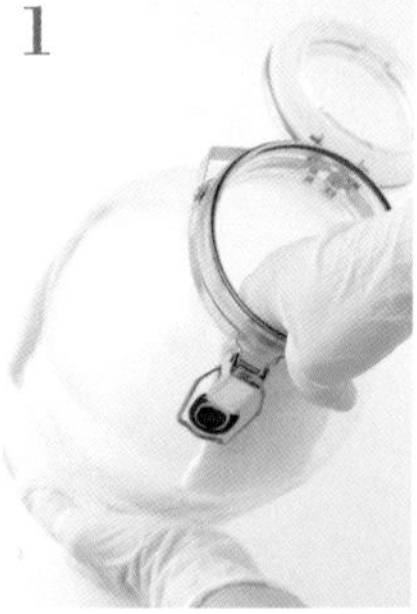

キッチンペーパーにホワイトリカーなどのアルコールを含ませ、容器全体をふく。

2

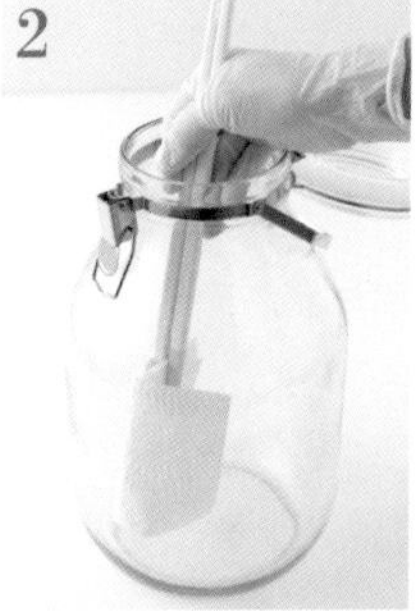

高さのある容器の底部分は、割りばしなどでキッチンペーパーをつかんでふけばOK。

●漬けた後のコツ

空気にふれさせない

漬け込んだ後、食材が浮いてきてしまうことがあります。空気にふれると変色や腐敗の原因となります。そうした場合は、ラップをふんわりと丸めてお酒の表面を覆って完全に漬かるようにしましょう。

1

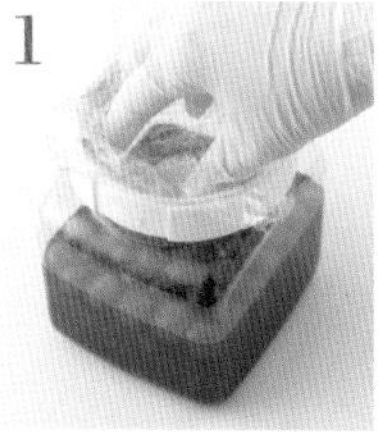

ラップをふわっと丸めて、容器の中のお酒の上にのせる。

2

浮いて顔を出していた素材もラップにおおわれ、お酒の中につかった状態に。

できれば、ときどき容器を振る

素材から出るエキスや糖類がまんべんなくベース酒に行き渡るように、漬けおきして数日は、容器を揺らして均一にします。

「つぎ足し」して使う

「青唐辛子酒」（P93）や「赤唐辛子酒」（P164）は辛みが強く、エキスが凝縮しています。ベース酒をつぎ足しながら、おもに料理酒として長く活用できます。

材料のとり出し・こし方

漬け込んだ素材をとり出す場合は、消毒したレードルや、菜ばしなどを使って、身をくずさないようにとり出します。果肉などによる濁りが気になるようなら、キッチンペーパーを敷いたざるでこすとクリアになります。

1

漬け込んだ素材を菜ばしでつかみ、身をつぶさないようとり出す。

2

ボウルにザルを重ね、さらにキッチンペーパーを敷き、容器の中の液体をあけて、こす。

お酒作りでやってはいけない〝NG〟行為

薬用酒作りはとてもシンプルで簡単ですが、いくつか注意ポイントがあります。以下のようなことをおさえてから、楽しい薬用酒作りを始めましょう。

法律違反をしないお酒と素材選び

お酒を作る場合、日本の法律では酒税をおさめたり、酒類製造の免許を取得する必要があります。しかし梅酒など、家庭で楽しむものは一部例外として許されています。ただし、次のような条件があります。

- ●アルコール度数20度以上のお酒を使うこと
- ●酒税が課税ずみのもの

などがあります。果実酒用のホワイトリカーはアルコール度数35度。ウォッカ、テキーラ、ウイスキー、ラム酒、泡盛は問題ありません。日本酒や焼酎は20度以上のものを使用すれば使うことはできます。ワインは20度を下回るためNGです。

米や麦、とうもろこし、ぶどうなどをお酒に漬け込むことは禁じられています。

水け・泥汚れは残さない

長期保存をする場合、水けと土汚れは大敵。雑菌が繁殖し、腐敗が始まる原因となるからです。水けをしっかりふきとり、土汚れはこすり洗いをするなどしましょう。

副材料のレモンもよく洗ったら、キッチンペーパーでていねいに水けをふきとりましょう。

毒性のあるものもあります

薬用酒は皮や種ごと漬け込むものが多いですが、ザクロの皮（P50）には毒性があります。皮はとり除いて漬けてください。

糖度をトータルで判断する

甘味料が少ないことはヘルシーである反面、熟成がしにくくなったり、腐敗しやすくなったりするという側面があります。ほどよく調整しましょう。

アルコール度数と腐敗リスクの関係性

アルコール度数が低い日本酒などは、熟成が早い分、腐敗のリスクも大きくなります。水分の多いフルーツなどで漬け込むときは早めに飲みきる、冷蔵庫へ入れる、などを忘れないでください。

第1章

果実酒

果実酒の基本を覚えよう

梅酒

梅酒の作り方を知れば、果実酒作りの基本をマスターできます。
青梅を使うと飲みごろを迎えるまで時間がかかりますが、
保存性が高く、濁りが少ないクリアな梅酒ができます。
果実酒向きの氷砂糖やホワイトリカーを使うことで昔ながらの梅酒を作れます。

作り方

1 アク抜き

ボウルに水を張り、微弱の流水を続けながら、青梅をやさしくこすり洗いする。表面のうぶ毛をとることで成分が浸出しやすくなる。青梅を水につけおいてアクを抜く。

2 水けをふく

青梅をざるに上げて水をきり、キッチンペーパーで1個ずつていねいに水けをふきとる。水けを残したまま漬けると腐敗の原因になる。

素材の選び方・漬け込み時期

青梅は出回りはじめてから少したったころの、大きさが安定した実が青くて粒がそろっているものがよいでしょう。傷や斑点、いたんでいる部分がないものを選びましょう。鮮度が重要なので、手に入れたらすぐに漬け込んでください。収穫後、24時間以内が理想です。糖類は氷砂糖、アルコールはホワイトリカーが果実酒向きです。

飲み方・味わい方

ストレート、ロック、水割り、お湯割り、炭酸水割りと飲み方はいろいろ。甘みが控えめなので、好みでハチミツや黒砂糖を加えても。

●梅の時期について

生の梅は6月ごろの約1カ月間しか手に入りません。小梅、青梅、完熟梅の順で出回ります。

《大びんの場合》

●おすすめの容器と材料

保存容器	4ℓ
青梅	1kg
氷砂糖	300g
ホワイトリカー	1.8ℓ

●DATA

［飲みごろ］ 1年後から
［コスト］ 安　中　高
［味］ さわやかでほのかな甘み
［効能］ 疲労回復・リラックス効果・風邪予防・便秘解消・下痢防止・食欲増進

●用意する道具

(右上から)ざる、ボウル、竹串、レードル、ロウト、計量カップ、スケール、キッチンペーパー。写真以外には保存容器。

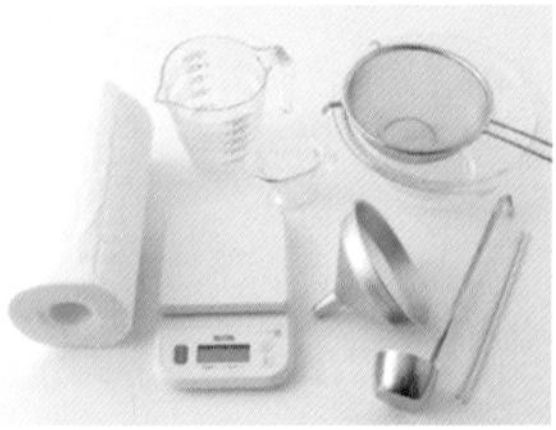

3 へたをとる

なり口にあるへたを、竹串を使って実を傷つけないようにしながらとり除く。凹みにまだ水けがたまっていたらキッチンペーパーでふきとる。

4 氷砂糖の準備

氷砂糖を計量する。梅の重さに対して、氷砂糖の量は3割と甘みは控えめに。

5 容器に入れる

消毒した容器(P.12参照)に、青梅、氷砂糖、青梅と交互に入れる。青梅を氷砂糖がおおうことで梅のエキスが出やすくなる。

6 ホワイトリカーを注ぐ

容器にホワイトリカーを注ぎ入れ、青梅がしっかりつかるようにする。

7 冷暗所で保存する

ふたをして、漬けた日付などを書いたラベルを貼る。温度変化が少ない冷暗所で保管。ときどき容器を揺すって、溶けてきた氷砂糖を全体に行き渡らせる。1年後にレードルで実をとり出すか、キッチンペーパーを敷いたざるに実をあけ、梅酒をこす。

MEMO

- 漬け込んで1年たつと、梅のエキスは液体に浸出しきっています。あえて、こしたり、とり出さなくてもかまいません。
- 何年ものの梅酒を目指すなら、保存性の高い材料を使ってください。青梅、度数が35度以上のアルコールを使い、甘味料を少々多めに投入しましょう。

当日　1週間後　1年後

《小びんの場合》

● おすすめの容器と材料

保存容器	1ℓ
青梅	300g
氷砂糖	30〜80g
ハチミツ	20g
ホワイトリカー	450mℓ

作り方

大びんの場合と同じです。

梅酒のバリエーション

基本の梅酒のベース酒や甘味料の
種類をかえるだけで、
味や香りが違ったおいしい
梅酒にアレンジできます。
複数作れば飲みくらべができ、
いっそう楽しみが広がります。

泡盛梅酒

泡盛の自然な甘みを生かして、糖類はかなり控えめです。
泡盛独特の濃厚な香りと梅の甘い香りの調和が存分に味わえます。

1年後　1週間後　当日

●おすすめの容器と材料

保存容器	1ℓ
青梅	300g
氷砂糖	50〜80g
泡盛	450mℓ

●DATA

[飲みごろ] 3カ月後から
[コスト] 安　中　高
[味] やや強い甘みがある
[効能] 疲労回復・リラックス効果・便秘解消・下痢防止・食欲増進

➡ 作り方P.16〜17参照

ウイスキー梅酒

琥珀色に染まった梅酒は、後味にウイスキーの苦みが残る大人の味。
梅の軽やかで甘い香りがアクセントになっています。

1年後　1週間後　当日

●おすすめの容器と材料

保存容器	1ℓ
青梅	300g
氷砂糖	50〜80g
ウイスキー	450mℓ

●DATA

[飲みごろ] 3カ月後から
（熟成させるほどよい）
[コスト] 安　中　高
[味] 甘みとともにウイスキーの苦みがある
[効能] 疲労回復・リラックス効果・便秘解消・下痢防止・食欲増進

➡ 作り方P.16〜17参照

ウォッカ梅酒

アルコール度数が高く刺激が強いウォッカと、やさしい梅の風味が混ざり合い、複雑な味わい。
後口はキリッとして端麗。

1年後　1週間後　当日

● おすすめの容器と材料

保存容器……………………………1ℓ
青梅………………………………300ｇ
氷砂糖……………………50〜80ｇ
ウォッカ（アルコール度数40度程度）
……………………………………450㎖

● DATA

［飲みごろ］ 3カ月後から
（熟成させるほどよい）
［コスト］ 安　中　高
［味］ キレがあるが、甘みも感じる
［アレンジする場合のおすすめのベース酒］
ブランデー、ダークラム
［効能］疲労回復・リラックス効果・便秘解消・下痢防止・食欲増進

➡ 作り方P.16〜17参照

ジン梅酒

ジンと相性のいいレモンもいっしょに漬け込みます。
酸みと甘みのバランスがとれ、すっきりとした飲み口になります。

1年後　1週間後　当日

● おすすめの容器と材料

保存容器……………………………1ℓ
青梅………………………………300ｇ
氷砂糖……………………50〜80ｇ
レモンの輪切り………………3切れ
ジン……………………………450㎖

● DATA

［飲みごろ］ 3カ月後から
（熟成させるほどよい）
［コスト］ 安　中　高
［味］ 甘さの中に、さわやかな酸味
［効能］疲労回復・リラックス効果・便秘解消・下痢防止・食欲増進

➡ 作り方P.16〜17参照

※漬け込んで1カ月後にレモンをとり出すこと。

日本酒梅酒

梅酒作りの季節になると出回る果実酒用の日本酒を活用しましょう。
保存性は低いので、早めに飲みきってください。

1年後

1週間後

当日

●おすすめの容器と材料

保存容器……………………1ℓ
青梅……………………300ｇ
氷砂糖……………………50〜80ｇ
日本酒（アルコール度数20度以上）
……………………450mℓ

●DATA

［飲みごろ］ 2カ月後から
（日本酒には長期保存に向かない）
［コスト］ 安　中　高
［味］ 強めの甘みがある
［効能］ 疲労回復・リラックス効果・便秘解消・下痢防止・食欲増進

➡ 作り方P.16〜17参照

ブランデー梅酒（小）

上品で香り高いブランデーに、梅の甘い香りを移しました。
ロックや水割りで香りをゆっくり楽しみたい梅酒です。

1年後

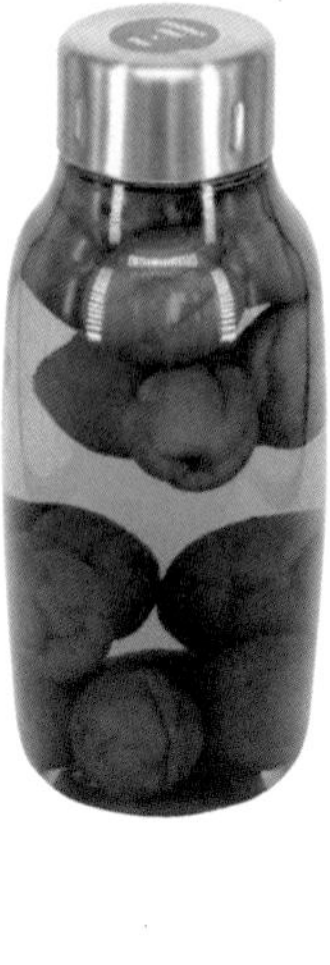

1週間後

当日

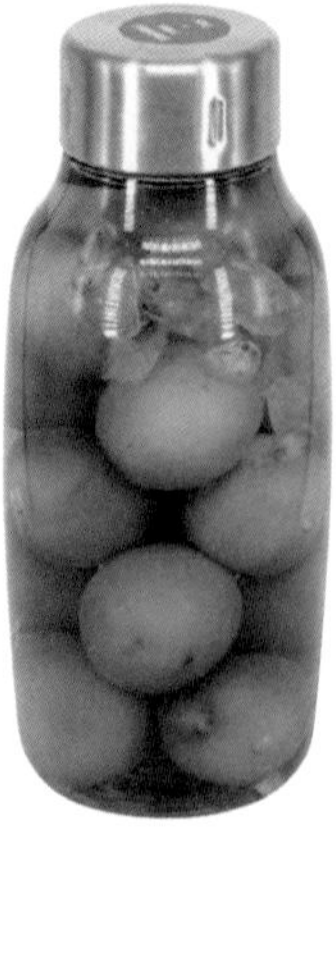

●おすすめの容器と材料

保存容器……………………1ℓ
青梅……………………300ｇ
氷砂糖……………………50〜80ｇ
ブランデー……………………450mℓ

●DATA

［飲みごろ］ 6カ月後から
（熟成させるほどよい）
［コスト］ 安　中　高
［味］ 甘みの奥にやや苦みがある
［効能］ 疲労回復・リラックス効果・便秘解消・下痢防止・食欲増進

➡ 作り方P.16〜17参照

ブランデー黒糖梅酒（大）

粒が大きく、肉厚でジューシーな南高梅を使いましょう。
ブランデーに黒糖ならではのコクのある甘みをプラス。

1

南高梅はよく洗い、水につけてアク抜きする。キッチンペーパーで水けをふきとってへたをとる。容器に青梅、黒砂糖を交互に入れる。

2

南高梅と氷砂糖を入れた容器に、ブランデーを注ぎ入れる。

3

冷暗所で保存する。6カ月後には飲みごろになる。

● おすすめの容器と材料

保存容器	4ℓ
南高梅（黄色い梅）	1kg
黒砂糖	250g
ブランデー	1.8ℓ

● DATA

［飲みごろ］ 6カ月後から
［コスト］ 安　中　高
［味］ コクと甘みがある
［効能］ 疲労回復・リラックス効果・便秘解消・下痢防止・食欲増進

お酒が飲めない方におすすめの梅ジュースの作り方

梅シロップ

ソーダ割りやかき氷のシロップとして使える梅ジュースの作り方を紹介。
早くエキスを抽出させ、発酵をおさえるのがポイントです。

1カ月後

1週間後

当日

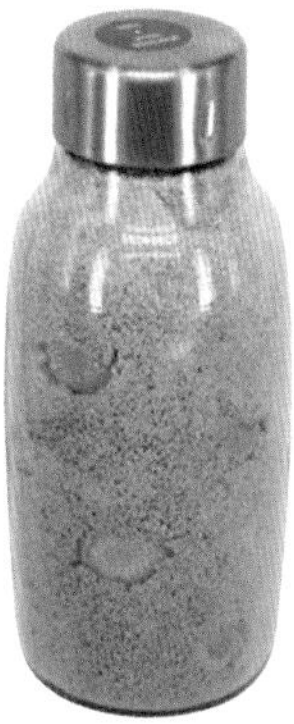

● おすすめの容器と材料

保存容器	1ℓ
青梅	300g
甜菜糖	300g

● DATA

［飲みごろ］ 1カ月後から
［コスト］ 安　中　高
［味］ スッキリとした味わい

● 作り方

1 青梅に竹串で穴を開ける。容器に、青梅と甜菜糖を、交互に入れて密閉する。
2 1日2回以上、瓶を動かし、梅の表面にはつねに甜菜糖におおわれている状態にする。

甘夏酒

名前に「夏」がついていますが、スーパーに出回るのは春。
オレンジに似た、甘みの中にキリッとした酸味が特徴です。お酒との相性もいいので、
甘夏の果肉をお酒に漬けて、さわやかな春の味覚を一年じゅう満喫しましょう。

素材の選び方・漬け込み時期

旬は3~5月。手にとるとずっしりと重く、鼻を近づけてみて、甘い香りや皮に光沢があるものを選びましょう。

飲み方・味わい方

ロック割りや炭酸水割りのほか、無糖の紅茶に加えて、オレンジの香り漂うアイスオレンジティーに。

●おすすめの容器と材料

密閉容器……………………………1.4ℓ
甘夏…………………………300g（およそ1個）
氷砂糖…………………………………30g
ホワイトリカー…………………………470mℓ

●DATA

[飲みごろ] 2カ月後から
[コスト] 安　中　高
[味] 甘くて酸っぱい
[アレンジする場合のおすすめのベース酒]
ジン
[効能] 風邪予防・疲労回復・貧血予防・冷え症緩和・便秘解消・下痢防止・美肌

MEMO 甘夏は、夏みかんを品種改良して生まれた果実。1971年のグレープフルーツ輸入自由化以降、年々生産が減少傾向にあります。

作り方

1
甘夏は底の中央に十字の切り込みを入れ、手で皮をむき、果肉を半分に割る。

2
1房とり、薄皮の上部を包丁やキッチンバサミで切り落とし、薄皮を手でむく。

3
容器に、甘夏、氷砂糖を入れ、ホワイトリカーを注ぐ。

4
2カ月後に甘夏と種をとり出す。ビニール手袋を装着して、軽くしぼってこすと、より果汁を楽しめる。

2カ月後　1週間後　当日

いちご酒

春を代表するフルーツといえば、いちご。ホワイトリカーに漬けると、
華やかな赤色で、甘酸っぱい風味が口の中に広がる、可憐なお酒に仕上がります。
氷砂糖は少なめなので、甘すぎることなくすっきりとした飲み口です。

素材の選び方・漬け込み時期

旬は1～4月。シーズン初めの小粒で、ややかためのものが果実酒向き。

飲み方・味わい方

ロック割りや炭酸水割はもちろん、ビールに少量加えるのもおすすめ。ほんのり甘くて、さわやかな香りがするフルーツビール風になります。

●おすすめの容器と材料

密閉容器	1ℓ
いちご	270g（1パック）
氷砂糖	30g
ホワイトリカー	500mℓ

●DATA

［飲みごろ］２カ月後から
［コスト］安　中　高
［味］酸味があって甘い
［アレンジする場合のおすすめのベース酒］
ウォッカ、テキーラ
［効能］疲労回復・眼精疲労緩和・抗酸化作用・美肌・リラックス効果

MEMO　引き上げたいちごは砂糖類で煮込めばジャムになります。白色だったいちごは煮込むことで色素がよみがえり、黒みがかった赤色になります。

２カ月後　１週間後　当日

作り方

1
あらかじめ水を張っていたボウルにいちごを入れて、ふり洗いをする。

2
1個ずつキッチンペーパーで水けをふきとり、実をつぶさないようにへたをとる。とりにくい場合はナイフやキッチンバサミで切り落とす。

3
容器に、いちご、氷砂糖を入れ、ホワイトリカーを注ぐ。

4
２カ月後ぐらいで、いちごをとり出す。

清《きよ》見《み》酒

日本の温州みかんと、アメリカのオレンジをかけ合わせたものが清見。タンゴールの仲間です。
糖度が高く、果汁が多いので、そのまま食べてもおいしいですが、
皮が薄いためえぐみが少なく、果実酒にも向いています。

●おすすめの容器と材料

密閉容器……1.4ℓ
清見……320g（小3個）
氷砂糖……30g
ホワイトリカー……450mℓ

●DATA

［飲みごろ］　2カ月後から
［コスト］　安　中　高
［味］　オレンジジュースのような味
［アレンジする場合のおすすめのベース酒］
ウォッカ、ジン
［効能］　風邪予防・疲労回復・抗酸化作用・美肌・利尿作用・便秘解消・下痢予防

素材の選び方・漬け込み時期

旬は2月〜4月下旬ごろまで。皮にハリがあり、へたが枯れていないものがよいでしょう。店頭には完熟したものが並ぶので、買ったら早めに漬けましょう。

飲み方・味わい方

清見の甘みを生かして、かき氷にかければ、大人のかき氷が楽しめます。小さなグラスに盛りつけて、食後のデザートにどうぞ。

MEMO　清見のおいしさの秘密は「越冬収穫」。樹上で1個ずつ袋掛けをし、十分に色づく春を待って収穫されます。

2カ月後

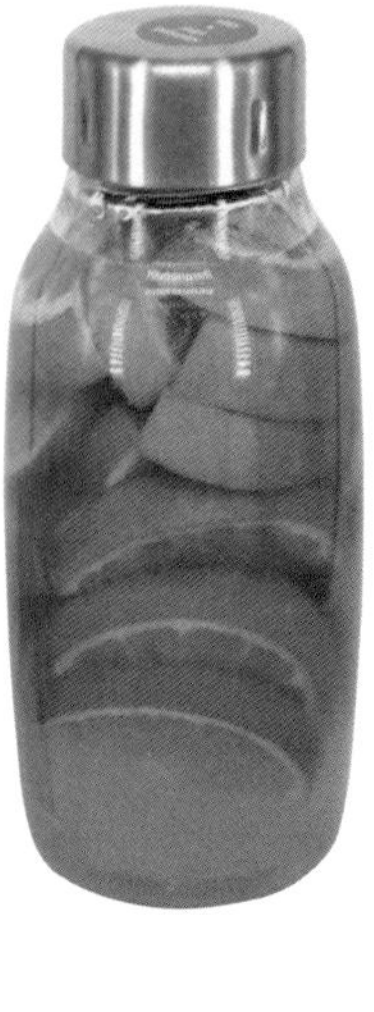

1週間後

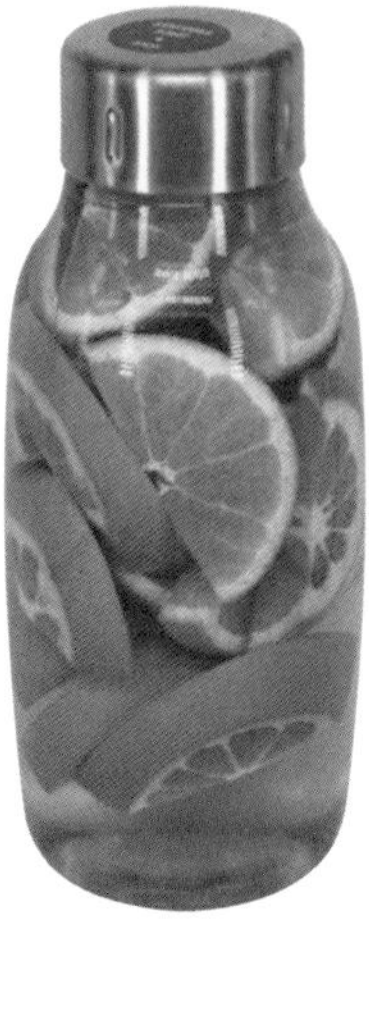

当日

作り方

1

清見は上下の皮を切り落とし、縦半分に切り、横に1cm幅に切る。

2

容器に、清見、氷砂糖を入れ、ホワイトリカーを注ぐ。

3

3カ月後には清見をとり出す。とり出すときに、ビニール手袋をして、皮をむき、実を軽くしぼってこすとより果汁を楽しめる。

びわ酒

近年は4月ごろからハウスものが出回るようになった、びわ。日本で栽培されるようになったのは江戸時代からで、当時はびわ薬湯の行商が多く存在し、古くから治療薬としての効果があるとされていました。疲労回復効果のあるビタミンAが多く含まれています。

素材の選び方・漬け込み時期

旬は5月下旬~6月。うぶ毛が密集しているものが、鮮度がよい。保存するときは、低温にも高温にも弱いため、常温が基本。傷みやすいので、入手したらなるべく早く漬け込むこと。

飲み方・味わい方

少量をストレートで飲んでもよい。ほかに、ロック、水割り。炭酸水割りにして、好みでレモンを加えても。

おすすめの容器と材料

保存容器……1ℓ
びわ……300g（約11個分）
ハチミツ……30g
日本酒……470mℓ

DATA

[飲みごろ] 1カ月後から
[コスト] 安　中　高
[味] 杏仁のような甘い香りと味
[アレンジする場合のおすすめのベース酒]
ブランデー、ウイスキー、ホワイトリカー
[効能] 疲労回復•咳止め効果•眼精疲労緩和•利尿作用•生活習慣病予防•美肌

MEMO　びわはアレルギー症状が出る人もいるので注意してください。また近年、びわの種を粉末にした食品から有害物質が検出されたことがあるため、種は食べないようにしてください。

作り方

1
びわはていねいに洗い、水けをふきとる。

2
容器に、びわ、ハチミツ、日本酒を入れる。

3週間後　1週間後　当日

青パパイヤ酒

完熟前の青パパイヤは黄色い完熟パパイヤのような甘みはありませんが、
豊富な栄養成分が含まれています。未熟なフルーツならではの青くささがあります。
あえて糖類を使わず、皮や種をつけたままお酒に漬け込みましょう。

素材の選び方・漬け込み時期

一年じゅう出回りますが、3～10月に出荷量がふえます。皮の色が青々としていて、ずっしり重みのあるものを選ぶのがポイント。また傷や茶色に変色している部分がないか、確認しましょう。

飲み方・味わい方

青くささが気になる人は、ハチミツを少量加えると飲みやすくなります。パイナップルジュースなどに混ぜてもおいしい。

●おすすめの容器と材料

密閉容器	1.4ℓ
青パパイヤ	400g
泡盛	400mℓ

●DATA

［飲みごろ］　3カ月ごろから
［コスト］　安　中　高
［味］　甘みや酸味は少ない
［アレンジする場合のおすすめのベース酒］
ブランデー、ウイスキー
［効能］　消化促進・生活習慣病予防・疲労回復・抗酸化作用・脂肪分解作用・美肌

MEMO　青パパイヤは消化を助けるパパインという酵素や、強い抗酸化作用のあるポリフェノール、ビタミンCなどを多く含み、アジアのメディカルフルーツともいわれています。

作り方

1
青パパイヤは洗い、水けをふきとり、一口大に切る。

2
容器に青パパイヤを入れ、泡盛を注ぐ。

3カ月後

1週間後

当日

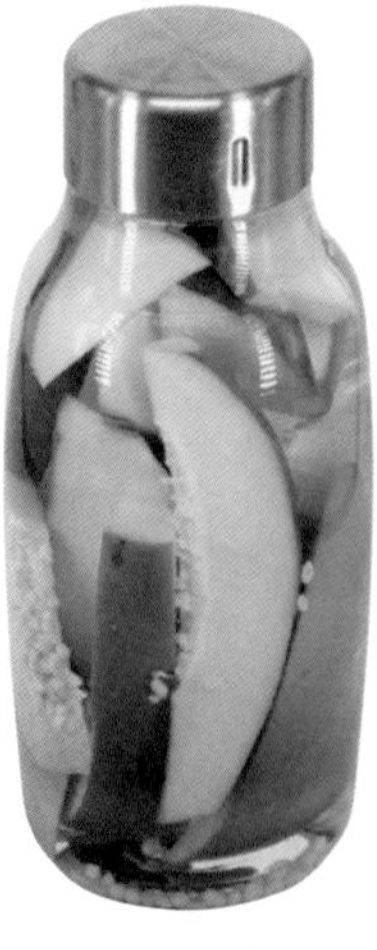

青ゆず酒

青ゆずは、夏場の緑色のものとは違い、未熟でスッキリとした強い香りが楽しめます。
秋から出回る黄色に熟した黄ゆずとくらべて酸味が強いので、
お酒に漬け込むときはハチミツを加え、ほのかな甘みとまろやかな風味をプラスしましょう。

素材の選び方・漬け込み時期

7～9月に出回ります。黄色に色づく前のゆずが青ゆずです。皮がかたく、濃い緑色で傷がないものを選びましょう。

飲み方・味わい方

ロックや炭酸割りで、キリッとした飲み口を味わって。料理に活用するなら、里いもやサバのゆずみそ煮に加えると、ゆずの香りが際立ちます。甘みがあるので砂糖は控えることができ、ヘルシーです。

●おすすめの容器と材料

保存容器	1ℓ
青ゆず	265g（10個）
氷砂糖	40g
ハチミツ	15g
ホワイトリカー	480mℓ

●DATA

［飲みごろ］３カ月ごろから
［コスト］安　中　高
［味］酸味がある
［アレンジする場合のおすすめのベース酒］
ウォッカ、日本酒
［効能］抗酸化作用・風邪予防・疲労回復・貧血予防・便秘解消・下痢予防・美肌

MEMO　青ゆずの種にはポリフェノールが黄ゆずの２倍以上、なかでも強い抗酸化作用を持つフラボノイドは黄ゆずの３倍以上も含まれています。お酒に種ごと漬け込みましょう。

３カ月後　１週間後　当日

作り方

1
青ゆずは皮を包丁でむき、果肉のまわりの白いわたを、できるだけとり除く。

2
容器に青ゆず、氷砂糖、ハチミツを入れ、ホワイトリカーを注ぐ。

3
２カ月後に青ゆずをとり出す。

アメリカンチェリー酒

赤い果実ならではの、甘みと香りが強いアメリカンチェリー。
お酒に漬け込むと、深みのあるルビーレッドの色が華やかで、目を楽しませてくれます。
外国産は比較的安価で香りが強く、甘みが濃いので果実酒作りにも向いています。

● **おすすめの容器と材料**

保存容器	1ℓ
アメリカンチェリー	270g
氷砂糖	30g
レモン	1/2個
ホワイトリカー	450mℓ

● **DATA**

[飲みごろ] 2カ月ごろから
[コスト] 安　中　高
[味] 甘みがある
[アレンジする場合のおすすめのベース酒] ウォッカ
[効能] 高血圧予防・疲労回復・抗酸化作用・貧血予防・むくみ緩和・眼精疲労緩和・美肌

素材の選び方・漬け込み時期

旬は5月下旬~6月上旬で初夏の短い期間しか、流通していません。粒が大きく、皮にハリがあるものを選びましょう。

飲み方・味わい方

アメリカンチェリーの香りを楽しむためにも、シンプルにロック、または炭酸割りがおすすめです。

MEMO　外国産はポリフェノールの一種であるアントシアニンが多い傾向があります。アントシアニンはアンチエイジングが期待される成分です。

2カ月後　1週間後　当日

作り方

1

アメリカンチェリーは1個ずつていねいに流水で洗い、水けをきり、キッチンペーパーでさらに水けをふきとり、柄を除く。

2

レモンはよく洗い、5㎜幅の輪切りにする。

3

容器にアメリカンチェリー、レモン、氷砂糖を入れ、ホワイトリカーを注ぐ。

4

2週間後にレモンをとり出す。

かぼす酒

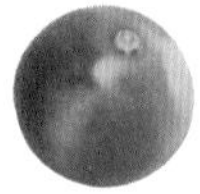

かぼすのやさしい香りにはアロマテラピー効果があり、リラックスへ導き、ストレス緩和につながります。かぼすの酸っぱさのもととなるクエン酸は疲労回復の働きがあります。ちょっと疲れた日の一杯にぴったり。

●おすすめの容器と材料

密閉容器	1ℓ
かぼす	250g（5個）
かぼすの皮	30g
氷砂糖	50g
ホワイトリカー	500mℓ

●DATA

[飲みごろ] 2カ月ごろから
[コスト] 安　中　高
[味] 甘みと酸味がある
[アレンジする場合のおすすめのベース酒]
日本酒、ジン
[効能] 疲労回復・リラックス効果・肥満解消・むくみ緩和・高血圧予防・冷え症緩和・食欲増進・美肌

素材の選び方・漬け込み時期

旬は8～10月ですが、6月や11月も手に入ります。皮が鮮やかな緑色をしていて、表面に傷がないものを選んで漬けましょう。

飲み方・味わい方

ロック割りならキリリとした飲み口が楽しめます。炭酸水で割ってかぼすサワー風に、さらにジャスミンティーを注げば、ジャスミンティースカッシュになります。

MEMO　かぼすは大分県産が多く、大分ではフグ料理やスイーツの材料としてもよく使われています。

2カ月後　1週間後　当日

作り方

1

かぼすは皮を包丁でむき、果肉を横半分に切る。皮はわたをできるだけそぎ落とす。

2

容器にかぼすの果肉、皮、氷砂糖を入れ、ホワイトリカーを注ぐ。

3

2週間後に皮を、4週間後に果肉をとり出す。

さくらんぼ酒

国産のさくらんぼを漬けた果実酒は、上品な甘さが口の中に広がります。
お酒はホワイトリカーにブランデーをプラスすることで、透明感のあるライトオレンジ色に。
丸みを帯びたやわらかい飲み口にしました。

素材の選び方・漬け込み時期

皮にツヤがあり、軸は緑色をしているものが新鮮です。旬は6～7月。短い期間しか出回っていません。購入後、およそ2～3日しか日持ちがしないので、早めに漬け込んでください。

飲み方・味わい方

ロックでもソーダ割り、お湯割りでもOK。ソーダ割りにするなら、とり出したさくらんぼを入れると見た目も楽しめます。

●おすすめの容器と材料

密閉容器	1ℓ
さくらんぼ	300g
氷砂糖	50g
ホワイトリカー	300mℓ
ブランデー	150mℓ

●DATA

［飲みごろ］　2カ月後から
［コスト］　安　中　高
［味］　ほんのり甘い
［アレンジする場合のおすすめのベース酒］
ホワイトリカー、ウイスキー
［効能］　高血圧予防・疲労回復・抗酸化作用・貧血予防・むくみ緩和・眼精疲労緩和・美肌

MEMO　1粒5kcalと低カロリーなのに栄養価が高いさくらんぼ。貧血予防になる鉄分や、美容効果の高いビタミンC、むくみ緩和のカリウムなど、女性にうれしい成分が豊富。

4カ月後　1週間後　当日

作り方

1

さくらんぼは1つずつていねいに流水で洗い、水けをきる。さらにキッチンペーパーで水けをふきとり、軸を除く。

2

容器にさくらんぼ、氷砂糖を入れ、ホワイトリカー、ブランデーを注ぐ。

ドラゴンフルーツ酒

別名ピタヤ。うろこ状の突起があり、見た目の派手さが印象的な南国のフルーツです。
甘みや酸味はさほど強くなく、さわやかな味わいのお酒になりました。
果肉の色は白と赤のタイプがあり、赤いもののほうが、甘みが強いです。

素材の選び方・漬け込み時期

国内で収穫量が多いのは沖縄や鹿児島で、旬は6〜11月。生産地以外に出回るものは早採りが多く、甘くなくて味のはっきりしないものが多い傾向があります。表面にハリがあり、突起部分が短く、しなびていないものを選びましょう。

飲み方・味わい方

ロックや炭酸水割りで南国フルーツを味わいましょう。

●おすすめの容器と材料

密閉容器	1.4ℓ
ドラゴンフルーツ	300g
レモン	1/2個
氷砂糖	30g
泡盛	450mℓ

●DATA

［飲みごろ］ 2カ月後から
［コスト］ 安　中　高
［味］ ほどよい甘みと酸味がある
［アレンジする場合のおすすめのベース酒］
ウォッカ、ホワイトリカー
［効能］ 解毒作用・夏バテ防止・高血圧予防・貧血予防・美肌・むくみ緩和・便秘解消

MEMO　ドラゴンフルーツはカルシウム、リン、鉄などのミネラルが豊富。貧血予防に最適です。また食物繊維もたっぷりで低カロリーです。

作り方

1
ドラゴンフルーツは突起部分とひげ根を切り落とし、皮を洗い、キッチンペーパーで水けをふきとり、一口大の乱切りにする。

2
レモンは皮を包丁でむき、1㎝幅の輪切りにする。

3
容器にドラゴンフルーツ、氷砂糖、レモンを入れ、泡盛を注ぐ。

4
2週間後にレモンをとり出す。

2カ月後　1週間後　当日

ネクタリン酒

ネクタリンは桃の品種のひとつで、別名は「油桃（ゆとう）」。
ねっとりとしたとろみがあり、酸味をしっかり感じることができるお酒です。
桃との違いはうぶ毛がないこと。皮ごと漬け込んで、ネクタリンの味を年じゅう楽しみましょう。

●おすすめの容器と材料

保存容器	1.4 ℓ
ネクタリン	320 g
氷砂糖	30 g
ホワイトリカー	450㎖

●DATA

［飲みごろ］ 2カ月後から
［コスト］ （安　中　高）
［味］ 甘みと酸味がある
［アレンジする場合のおすすめのベース酒］
ブランデー、ウォッカ
［効能］ 疲労回復・抗酸化作用・咳止め・夏バテ防止・むくみ緩和・便秘解消

素材の選び方・漬け込み時期

旬は7～9月で、8月に最盛期を迎えます。ふっくらして均整のとれた丸い形で、皮にはハリやツヤがあり、傷がないものがおすすめ。

飲み方・味わい方

ねっとりとした口当たりをしっかり味わいたいなら、ロックの選択を。すっきりと軽い飲みごこちを楽しみたいなら、無糖アイスティー割りで。

MEMO　とり出した果肉はシャーベットになります。ミキサーで攪拌してペースト状にし、冷凍庫で冷やし固めて。ネクタリン酒に混ぜて、フローズンカクテルも楽しめます。

作り方

1
ネクタリンはやさしく洗い、キッチンペーパーで水けをふきとり、皮ごと一口大に切る。

2
容器にネクタリン、氷砂糖を入れ、ホワイトリカーを注ぐ。

2カ月後　1週間後　当日

パッションフルーツ酒

ハッキリとした甘い香りがして、味は主張のある甘酸っぱさがあるトロピカルフルーツ。
果実をカットし、果肉をスプーンですくって種ごと食べるフルーツです。
お酒に漬け込むと液体は輝きのあるルビー色になり、甘みと酸味のバランスも抜群。

素材の選び方・漬け込み時期

ブラジルが原産で、国内では鹿児島や沖縄を中心に栽培され、旬は6～8月。皮にしわが寄ったら食べごろですが、果実酒に使うなら、その少し手前のもの。皮に傷がなく、ハリがあるものがおすすめです。

飲み方・味わい方

香りも甘みも濃厚なので、炭酸水割りがよく合います。

●おすすめの容器と材料

密閉容器……………………………1.4ℓ
パッションフルーツ…………350g（5個）
氷砂糖…………………………………50g
泡盛…………………………………400mℓ

●DATA

［飲みごろ］1カ月後から
［コスト］　安　中　高
［味］　甘みと酸味がある
［アレンジする場合のおすすめのベース酒］
テキーラ、ホワイトリカー
［効能］疲労回復・生活習慣病予防・貧血予防・精神安定・不眠症改善・アンチエイジング・高血圧予防

MEMO　カロテンが豊富でアンチエイジングや免疫力の向上が期待できます。また毛髪の健康やリラックス効果のあるビタミンB_6も含まれています。

1カ月後　1週間後　当日

作り方

1

パッションフルーツはよく洗い、キッチンペーパーで水けをふきとり、一口大に切る（切るときは、果汁がこぼれないように気をつける）。

2

容器にパッションフルーツ、氷砂糖を入れ、泡盛を注ぐ。
※雑味が気になるようなら、果肉をとり出す。

プラム酒

別名「すもも」。プラムを干したものが「プルーン」です。
皮がやわらかく、そのまま食べられ、お酒も皮ごと漬け込んで赤紫色のお酒になります。
品種によっては酸味が少ないものもあるので、レモンを加えて味のバランスをとりましょう。

素材の選び方・漬け込み時期

旬は6～8月。形が全体に丸く整ったもので、表面に白い粉(ブルーム)がついているものは新鮮です。皮にハリがあり、色が濃く、重量感のあるものを選びましょう。

飲み方・味わい方

口当たりがよく、果実酒ならではのやさしい味わいです。ロックか炭酸水割りがおすすめ。

●おすすめの容器と材料

保存容器	1.4ℓ
プラム	320g(約9個)
氷砂糖	30g
ホワイトリカー	450mℓ

●DATA

[飲みごろ] 3カ月後から
[コスト] (安 中 高)
[味] 酸味がある
[アレンジする場合のおすすめのベース酒]
テキーラ
[効能] 疲労回復・抗酸化作用・眼精疲労緩和・高血圧予防・便秘解消・貧血予防・美肌

MEMO プラムの酸味はクエン酸やリンゴ酸が中心で、疲労回復に効果的といわれています。ソルビトールという便秘解消の作用があるといわれる成分も含まれています。

3カ月後　1週間後　当日

作り方

1
ボウルに水を張り、流水でプラムを洗い、水けをきる。さらに、キッチンペーパーでていねいに水けをふきとる。

2
竹串でへたをとり、皮をところどころむく。※皮はむかずに、そのままでもよい。

3
容器にプラム、氷砂糖を入れ、ホワイトリカーを注ぐ。

4
6カ月後に果肉をとり出す。

ブラックベリー酒

果汁たっぷりで生食にも向いていますが、果実酒にすると甘みと酸味の調和がとれた、おいしいお酒が楽しめます。ポリフェノールのアントシアニンやエラグ酸、ビタミンCが豊富で、美容と健康に有効な成分が含まれています。

素材の選び方・漬け込み時期

輸入品が多く、国産品は6~7月が旬で夏以外は流通していません。鮮度の高いものは、果肉がふっくらとしていて、黒く熟しているものです。

飲み方・味わい方

ロックや炭酸水割りのほか、冷やしたウーロン茶や無糖紅茶と合わせるのもおすすめ。ブラックベリーの風味を生かすため、お茶はクセの少ないものがベター。

● おすすめの容器と材料

保存容器……1ℓ
ブラックベリー……250g
氷砂糖……50g
ホワイトリカー……500mℓ

● DATA

［飲みごろ］2カ月後から
［コスト］安　中　高
［味］甘くて酸味がある（ほのかに苦み）
［アレンジする場合のおすすめのベース酒］ブランデー
［効能］眼精疲労緩和・生活習慣病予防・疲労回復・便秘解消・利尿作用・抗酸化作用・美肌

MEMO　ベリー類は実がつぶれやすいのが特徴。パックの下側にあるものはつぶれていることもあるので、とり除きましょう。洗うときは水を張ったボウルの中で、やさしく洗いましょう。

作り方

1

ブラックベリーはたっぷりの水に浮かせながら洗って水けをきる。さらにキッチンペーパーでしっかり水けをふきとる。

2

容器にブラックベリー、氷砂糖を入れ、ホワイトリカーを注ぐ。

2カ月後　1週間後　当日

ブルーベリー酒

ブルーベリー酒は人気の果実酒のひとつ。赤ワインのようなボルドー色のもとは、
ポリフェノールの一種で青紫色の色素のアントシアニンによるもの。
ほかのフルーツのお酒とくらべて豊富に含まれていて、目によいといわれています。

素材の選び方・漬け込み時期

6～8月が旬。新鮮なものは青紫色でハリがあり、表面に白い粉(ブルーム)が付着しています。全体的に赤っぽいものは未熟で酸味が強いですが、果実酒向き。

飲み方・味わい方

日本酒特有のまろやかな味わいなので、ストレートやロックでも飲みやすい。ヨーグルトドリンクと合わせれば、甘酸っぱくなります。

●おすすめの容器と材料

保存容器	1ℓ
ブルーベリー	250g
氷砂糖	50g
日本酒	500mℓ

●DATA

[飲みごろ] 2カ月後から

[コスト] 安　中　高

[味] 酸味がある

[アレンジする場合のおすすめのベース酒]

テキーラ、ホワイトリカー

[効能] 眼精疲労緩和・花粉症緩和・便秘解消・下痢予防・生活習慣病の予防・抗酸化作用・美肌

MEMO 日本酒で漬けると熟成しやすい反面、保存性が低いという側面もあります。涼しい場所で保管し、3カ月以内に飲みきりましょう。

1カ月後　1週間後　当日

作り方

1

ブルーベリーはたっぷりの水で浮かせながら傷つけないように洗い、水けをきる。さらにキッチンペーパーでしっかり水けをふきとる。

2

容器にブルーベリー、氷砂糖を入れ、ホワイトリカーを注ぐ。

プルーン酒

プルーンは、エイジング効果に重要な抗酸化作用がフルーツの中でも最高レベル。
お酒に漬け込むと、日を追って赤色に深みが増して赤ワインのよう。
飲むと甘みがあってやさしい口当たりで、お酒に慣れない人にも相性のよい果実酒です。

素材の選び方・漬け込み時期

旬は8～9月で、6～10月まで出回っています。鮮度のいいものは、皮に傷がなく、ハリがあるもの。白い粉(ブルーム)が出ているものは新鮮な証拠。

飲み方・味わい方

果汁が多いので、プルーンそのものの酸味や甘みを味わうためにも、ロックがおすすめ。好みで炭酸水割りにして、レモン汁を加えると◎。

●おすすめの容器と材料

密閉容器	1ℓ
プルーン	370g
氷砂糖	30g
ホワイトリカー	400㎖

●DATA

[飲みごろ] 2カ月後から
[コスト] 安　中　高
[味] 甘くて酸味がある
[アレンジする場合のおすすめのベース酒]
ブランデー
[効能] 抗酸化作用・疲労回復・眼精疲労緩和・抗菌作用・コレステロール低下・貧血予防・美肌・リラックス効果

MEMO　プルーンは水溶性食物繊維であるペクチンやビタミンCやE、β-カロテン、ポリフェノールなど、老化予防や美容効果につながる栄養成分が豊富です。

2カ月後　1週間後　当日

作り方

1
プルーンは洗い、キッチンペーパーで水けをふきとる。

2
小さな枝をとり、皮をところどころ包丁でむく。※皮はむかずに、そのままでもよい。

3
容器にプルーン、氷砂糖を入れ、ホワイトリカーを注ぐ。

4
6カ月後に果肉をとり出す。

マンゴー酒

近年は、沖縄産や宮崎産などの国産品がふえているマンゴー。
芳醇な香りと甘みは果実酒でも味わえます。南国フルーツによく合う泡盛で漬け込むことで、
マンゴーの香りや甘みがいっそう際立ちます。

素材の選び方・漬け込み時期

国産は6〜8月ですが、東南アジアやメキシコなどの輸入品は年じゅう手に入ります。完熟したものはそのまま食べるには甘くておいしいですが、果実酒には完熟前のかためのものが向いています。

飲み方・味わい方

マンゴーの甘みや香りをしっかり味わいたいなら、ロックがいちばん。

●おすすめの容器と材料

保存容器	1.4ℓ
マンゴー	300g
氷砂糖	30g
泡盛	470mℓ

※甘みの強いマンゴー（とくに国産）を使用する場合は、氷砂糖を入れなくてもよい。

●DATA

［飲みごろ］ 2カ月後から
［コスト］ 安　中　高
［味］ ねっとりとした甘みがある
［アレンジする場合のおすすめのベース酒］
ラム酒（ホワイト、ゴールド、ダークどれでも）
［効能］ 夏バテ防止・貧血予防・血栓予防・高血圧予防・抗酸化作用・美肌

MEMO　マンゴーの皮にはウルシオールというウルシ成分が含まれているため、人によってはかぶれやかゆみなどのアレルギー反応が出る場合もあるので注意。

2カ月後　1週間後　当日

作り方

1

マンゴーはやさしく洗い、キッチンペーパーで水けをふきとる。種に包丁が当たらないようにしながら、皮ごと容器に入る大きさに切る。

2

容器にマンゴー、氷砂糖を入れ、ホワイトリカーを注ぐ。

マンゴスチン酒

ほのかな酸味と上品な甘みがあり、「果物の女王」とも「世界三大美果」のひとつともいわれているトロピカルフルーツ。皮にも豊富な栄養素が含まれているので皮も漬け込みました。入れすぎるとえぐみが出るので気をつけましょう。

●おすすめの容器と材料

保存容器	1ℓ
マンゴスチン	8個（正味100g）
マンゴスチンの皮	10g
レモン（皮なし）	1個
黒糖	70g
泡盛	530mℓ

●DATA

［飲みごろ］ 2カ月後から
［コスト］ 安　**中**　高
［味］ 甘みとコクがある
［アレンジする場合のおすすめのベース酒］
ダークラム
［効能］ 疲労回復・滋養強壮・抗酸化作用・整腸作用・美肌・眼精疲労緩和

素材の選び方・漬け込み時期

現状マンゴスチンはタイ産のみで6～9月に流通し、国産品はありません。皮がみずみずしく多少弾力があるものを選びましょう。果実と果肉のサイズは比例するので、できれば大きいものをおすすめ。

飲み方・味わい方

甘さのなかにほどよい酸味を感じます。口当たりがよくて飲みやすいため、ロックが炭酸水割りで。

MEMO　氷砂糖のかわりに黒糖を使うと、コクをプラスできます。レモンは皮をむいたものを使い、酸味を主張しすぎないようにしています。

作り方

1
マンゴスチンはよく洗い、水けをふきとる。

2
底面を包丁で平らに切り落とし、皮に切り込みを数カ所入れ、手で皮をむく。薄皮と果肉をバラバラにほぐす。

3
皮は傷の少ないものを選び、包丁で端を切り落とし、100g残す。

4
レモンは皮をむき、1㎝幅の輪切りにする。

5
容器に果肉、皮、レモン、黒糖を入れ、泡盛を注ぐ。

6
2週間後に皮とレモンを、3カ月後に果肉をとり出す。

1カ月後　1週間後　当日

メロン酒

メロン酒はメロンを丸ごと使用します。皮や種のまわりのわたからも、気品ある香りと味わいが出るからです。ウリ科特有の青くささを緩和させるため、レシピではホワイトリカーにブランデーをブレンドしました。

●おすすめの容器と材料

保存容器	1.4ℓ
メロン	300g
氷砂糖	30g
ホワイトリカー	300mℓ
ブランデー	170mℓ

●DATA

［飲みごろ］ 2カ月後から

［コスト］ （安　中　高）

［味］ やさしい甘みがある

［アレンジする場合のおすすめのベース酒］ ウイスキー

［効能］ 疲労回復・高血圧予防・むくみ緩和・リラックス効果・夏バテ防止・美肌

素材の選び方・漬け込み時期

旬は品種により異なりますが、6～7月ごろが多く出回ります。ずしりと重く、ネットメロンの場合は網目が細かく均一に入ったものがおすすめ。品種は問いませんが、今回は果肉がオレンジ色で甘みが濃厚のクインシーを使用。

飲み方・味わい方

メロンの香りを存分に楽しめるロック割りがおすすめです。

MEMO　とり出したメロンは皮と種を除いて一口大に切り、水と砂糖で煮つめると甘露煮になります。また、密封袋に果肉を入れて冷凍保存しても。グラスにメロン酒といっしょに入れるとカクテルになります。

7カ月後　1週間後　当日

作り方

1

メロンはへたを切り落として丸ごとよく洗い、キッチンペーパーで水けをふきとる。

2

容器に入りやすい大きさに切る。

3

容器に、メロン、氷砂糖を入れ、ホワイトリカー、ブランデーを注ぐ。※果肉は入れたままでよいが、雑味が多ければとり出す。

桃酒

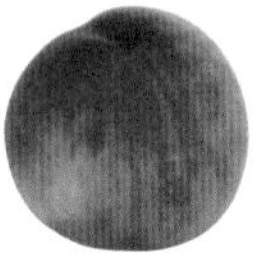

桃のエキスたっぷりのイエローゴールドの果実酒。飲み口はトロッとしていてまろやか。
ホワイトリカーに氷砂糖を加えることで、桃の風味がグンと引き立ちます。
桃は漬けているあいだにくずれない、完熟前のものを漬けましょう。

素材の選び方・漬け込み時期

旬は6～9月まで。シーズン初めの傷がない、かためのものを選びましょう。大きさは縦横のバランスがよく、ずっしりと重みのあるものを選びましょう。

飲み方・味わい方

桃の香りと少しのとろみを堪能するには、シンプルにストレートかロックがベスト。炭酸水割り、アイスティー割りにすると、飲みやすくなります。

●おすすめの容器と材料

保存容器	1.4ℓ
桃	350ｇ
レモン	1/2個
氷砂糖	30ｇ
ホワイトリカー	370mℓ

●DATA

［飲みごろ］ 3カ月後から
［コスト］ 安　中　高
［味］ 少しのとろみとやさしい甘みがある
［アレンジする場合のおすすめのベース酒］
テキーラ
［効能］ 疲労回復・アンチエイジング・咳止め・夏バテ防止・冷え症緩和・むくみ緩和・便秘解消

MEMO　古来中国では、桃を「不老長寿の仙果」と呼び、体中の悪いものをとり除く力があると信じられていました。食物繊維であるペクチンやアンチエイジング効果のあるカテキンなどが豊富。

3カ月後　1週間後　当日

作り方

1

桃は傷つきやすいのでやさしく洗う。キッチンペーパーで水けをふきとり、皮ごと切る。

2

レモンはよく洗い、5㎜幅の輪切りにする。

3

容器に桃、氷砂糖を入れ、ホワイトリカーを注ぎ、レモンを加える。桃が浮かんできたらラップで表面をおおう。

4

2週間後にレモンをとり出す。※果肉は入れたままでよいが、雑味が多ければとり出す。

ラズベリー酒

木いちごの一種で別名は「フランボワーズ」。美白効果があるといわれるエラグ酸やアントシアニンなどのポリフェノールが含まれているので、とくに女性におすすめ。そのままでも食べられますが、酸味が強いので果実酒向きのフルーツです。

●おすすめの容器と材料

保存容器	1ℓ
ラズベリー	250g
氷砂糖	50g
ホワイトリカー	500mℓ

●DATA

［飲みごろ］ 2カ月後から

［コスト］ 安　中　高

［味］ 甘酸っぱい

［アレンジする場合のおすすめのベース酒］ ウォッカ

［効能］ 眼精疲労緩和・生活習慣病予防・便秘解消・貧血予防・血行促進・抗酸化作用・疲労回復・美肌

素材の選び方・漬け込み時期

輸入品がほとんどで、北海道や長野で生産している国産品の旬は6～8月。全体的に赤く色づいた、香りのよいものを選びましょう。

飲み方・味わい方

見た目が色鮮やかで美しいので、ストレート、ロックまたは炭酸水割りで。無糖紅茶やウーロン茶に混ぜてもおいしい。

MEMO 引き上げたラズベリーは、木べらでつぶしながら砂糖といっしょに煮つめると、数分で風味のよいラズベリージャムやフルーツソースになります。

2カ月後　1週間後　当日

作り方

1

ラズベリーはたっぷりの水に浮かせながら傷つけないように洗い、水けをきる。さらにキッチンペーパーでしっかり水けをふきとる。

2

容器にラズベリー、氷砂糖を入れ、ホワイトリカーを注ぐ。

あけび酒

あけびは熟すと口を開けたように果皮が割れ、果肉はトロッとしてバナナに似た食感です。
お酒に漬け込めば、果肉から出たしっかりとした甘みと
皮から出たほろ苦さが混ざり合った、琥珀色の果実酒ができ上がります。

素材の選び方・漬け込み時期

旬は9~10月。全国で栽培されていますが、市場流通上のおもな産地は山形県産です。果実酒に向いているのは、完熟前の口が開いていない、かためのもの。すぐに熟成するので、早めに漬け込みましょう。

飲み方・味わい方

ロックで、甘さとほろ苦さがからみ合う風味をじっくり味わうのがおすすめです。

●おすすめの容器と材料

保存容器……1.4ℓ
あけび……270g
氷砂糖……30g
ホワイトリカー……500mℓ

●DATA

［飲みごろ］　1カ月後から
［コスト］　安　中　高
［味］　甘さとほろ苦さがある
［アレンジする場合のおすすめのベース酒］
ウォッカ
［効能］　利尿作用・眼精疲労緩和・抗酸化作用・高血圧予防・アンチエイジング・美肌・疲労回復効果

MEMO　紫色の皮には強い抗酸化作用を持つアントシアニンが含まれています。アンチエイジングや目の疲れをやわらげる働きが期待されます。

2カ月後　1週間後　当日

作り方

1
あけびはよく洗い、キッチンペーパーで水けをふきとる。

2
縦半分に切り、さらに縦3等分に切る。

3
容器にあけび、氷砂糖を入れ、ホワイトリカーを注ぐ。

いちじく酒

花を咲かせずに果実が実っているように見えることから「無花果」と名づけられました。また「不老長寿の果物」とも言われるほど、ビタミンやペクチンなどの栄養成分が豊富。漬け込んで3カ月後から飲めますが、さらに熟成させると濃厚で味がやわらかくなります。

●おすすめの容器と材料

保存容器	1.4ℓ
いちじく	260ｇ(中4～5個)
レモン	1/2個
氷砂糖	10ｇ
ホワイトリカー	480㎖

●DATA

[飲みごろ] 3カ月後から
[コスト] 安　中　高
[味] とろみと甘みがある
[アレンジする場合のおすすめのベース酒] ウォッカ
[効能] 便秘解消・下痢予防・消化促進・抗酸化作用・高血圧予防・むくみ緩和・貧血予防・美肌

素材の選び方・漬け込み時期

旬は8〜10月。ふっくらと丸みがあり、香りがよく、つけ根の切り口付近まで色づいているものを選びましょう。へたの切り口に白い樹液がついているものは新鮮な証拠です。

飲み方・味わい方

とろみごと味わうならストレートかロック。水割りや炭酸水割りも◎。

MEMO　皮をむいたときに出る白い液は消化酵素です。胃酸の働きが弱いか低下しているときは積極的に食べましょう。

3カ月後　1週間後　当日

作り方

1
いちじくはよく洗い、水けをよくきり、軸を切り落とす。

2
レモンはよく洗い、皮ごと5㎜幅の輪切りにする。

3
容器にいちじく、レモン、氷砂糖を入れ、ホワイトリカーを注ぐ。

4
1カ月後にレモンを、6カ月後にいちじくをとり出す。

オレンジ酒

今回は種がなく甘みと香りが強い、果実酒向きのネーブルオレンジを使用します。
果頂部にへそのようなくぼみがあることから、英語で「へそ」を意味するネーブルと呼ばれています。
淡いゴールド色のネーブルオレンジ酒は後味よく、香り高く、芳醇な味わいです。

素材の選び方・漬け込み時期

アメリカ産は11月~翌4月、国産は和歌山や愛知、広島などのものが2~3月ごろに流通します。鮮やかなオレンジ色で果実にハリがあり、へこみがなく、形が整っているものを使いましょう。へたにカビなどがないかも確認しましょう。

飲み方・味わい方

ストレート、ロック、炭酸水割り、アイスティー割りで。

●おすすめの容器と材料

保存容器	1.4ℓ
ネーブルオレンジ	300g
氷砂糖	30g
ホワイトリカー	470mℓ

●DATA

[飲みごろ] 2カ月後から

[コスト] 安　中　高

[味] 甘みが強く、酸味は少ない

[アレンジする場合のおすすめのベース酒]
ブランデー、ウイスキー

[効能] 疲労回復・高血圧予防・抗酸化作用・精神安定・風邪予防・生活習慣病予防・美肌

MEMO　ネーブルオレンジは、カロテンやビタミンCなどのビタミン類、食物繊維、ミネラル類といった豊富な栄養成分がバランスよく含まれています。

2カ月後　1週間後　当日

作り方

1

ぬるま湯をボウルに張り、ネーブルオレンジをスポンジでこすり洗いし、キッチンペーパーで水けをふきとる。

2

上下の端を果肉が見えるまで切り落とし、皮ごと1cm幅の輪切りにする。

3

容器にネーブルオレンジ、氷砂糖を入れ、ホワイトリカーを注ぐ。

4

2カ月後、ネーブルオレンジを引き上げる。その際、引き上げた実は皮をむき、軽くしぼってこし、加える。

柿酒

日本で最も古くから栽培されていて、日本人にはなじみのある果実のひとつ。
柿酒は、皮や種からは栄養成分やうまみエキスが浸出します。
きれいな柿の葉がある場合は、2～3枚入れるとさらに香り豊かに仕上がります。

素材の選び方・漬け込み時期

旬は9~11月。やわらかく完熟した柿は漬けているうちに雑味が出やすいため、完熟しきらない、かためのものを選んでください。

飲み方・味わい方

薬用酒として20mℓをストレートで。もしくは野菜ジュースに加えるとまろやかな味わいになります。

●おすすめの容器と材料

保存容器	1.4ℓ
柿	300g（小2.5個）
氷砂糖	30g
ホワイトリカー	470mℓ

●DATA

［飲みごろ］ 3カ月後から
［コスト］ 安　中　高
［味］ 甘みがある
［アレンジする場合のおすすめのベース酒］
日本酒（アルコール度数20度以上）
［効能］ 抗酸化作用・疲労回復・風邪予防・生活習慣病予防・便秘緩和・高血圧予防・美肌

MEMO 柿は果肉にも葉にもビタミンCが豊富に含まれているうえ、カリウムやカロテン、食物繊維などの栄養成分もたっぷり。

5カ月後　1週間後　当日

作り方

1
柿はよく洗い、へたのまわりの汚れもしっかり落とし、キッチンペーパーで水けをふきとる。

2
柿を縦半分に切ってへたをとり除き、縦に1.5cm幅に切る。

3
容器に柿、氷砂糖を入れ、へたが汚れていなければ加え、ホワイトリカーを注ぐ。

栗酒

秋の味覚の代表格といえば栗。栗を漬け込むお酒は、栗の渋みをやわらげるため、ブランデーをチョイス。甘い香りがするブランデーと、素朴な木の実らしい香りが立ち、香りを楽しむお酒です。黒糖でコクをプラスして、まろやかな口当たりに仕上げます。

素材の選び方・漬け込み時期

8～11月に出回りますが、旬は9～10月。栗は鮮度が重要。旬のものは香りがよく、皮にハリやツヤがあります。時間の経過とともに水分が抜け、実も皮もかたくなるので買ったら早めに漬け込むこと。小さな丸い穴は虫食い跡なのでNG。

飲み方・味わい方

栗とブランデーの香りをゆっくり楽しむためには、ストレートかロック。

●おすすめの容器と材料

保存容器	1ℓ
栗	380g（正味230g）
氷砂糖	50g
黒糖	50g
ブランデー	470mℓ

●DATA

［飲みごろ］ 5カ月後から

［コスト］ 安　中　高

［味］ 甘みと栗の深い味わい

［アレンジする場合のおすすめのベース酒］ ダークラム

［効能］ 便秘解消・高血圧予防・貧血予防・抗菌作用・滋養強壮・抗酸化作用・美肌

MEMO 日本で主に栽培されているのは日本栗という品種。日本栗は野生のシバグリが改良されたもので天津甘栗などの中国栗やヨーロッパ栗にくらべ、害虫に強いといわれています。

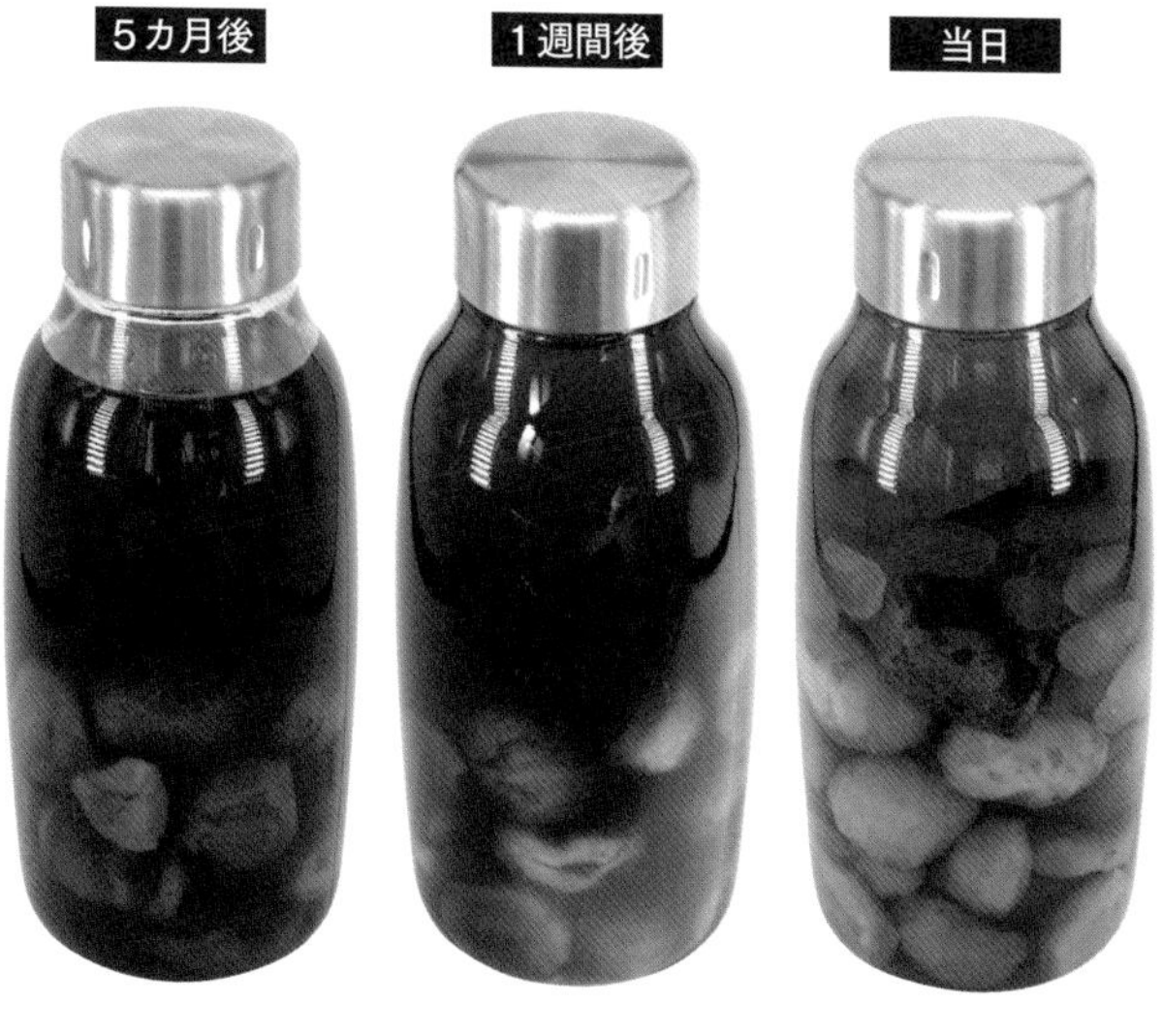

作り方

1

栗は1時間ほど水につける。

2

鍋にたっぷりの湯を沸かし、栗を加え、煮立ったら火を止め、そのまま1時間おく。

3

栗の平らな面をまな板にのせ、底を5㎜ほど切り落とし、そこから先端に向かって鬼皮を縦にむく。さらに渋皮を厚めにむく。

4

キッチンペーパーで水けをふきとって容器に入れ、氷砂糖、黒糖を加え、ブランデーを注ぐ。

カリン酒

芳醇な香りがしますが、かたくて渋みが強いため生では食べられません。
ほかのフルーツと違い、カリンは完熟させてから漬け込みます。
表面に油分がしみ出て、黄色みを帯びて香りが強くなったら漬け込みどきです。

素材の選び方・漬け込み時期

旬は10～11月。色ムラがなく全体が明るく黄色で、皮に油分が出ていて、香りが強く、重量感があるものを選びましょう。

飲み方・味わい方

ストレートもしくはロックでカリンの香りを堪能。お疲れぎみのときはしょうがやハチミツを加えたお湯割りにして、体の中を温めるのもよいでしょう。

●おすすめの容器と材料

保存容器……1.4ℓ
カリン……270g
氷砂糖……30g
ホワイトリカー……500mℓ

●DATA

［飲みごろ］ 4カ月後から
［コスト］ 安　中　高
［味］ 甘さの中にほのかな渋みと酸味がある
［アレンジする場合のおすすめのベース酒］
日本酒（アルコール度数20度以上）
［効能］ 疲労回復・風邪予防・咳止め・のどの炎症緩和・抗酸化作用・美肌・リラックス効果

MEMO　咳止めによいといわれる「カリンシロップ」。カリン230gの種や軸を除いて2～3㎜幅の薄切りにし、氷砂糖230g、酢40mℓと漬け込むだけ。1～2カ月ほどで完成です。

作り方

1
カリンはぬるま湯につけ、スポンジなどでよく洗って表面のぬめりをとる（熱湯は変色するのでNG）。

2
キッチンペーパーで水けをふきとり、自然乾燥させ、熟すまで常温で保存する。

3
熟したら傷を切り落とし、1.5㎝幅の輪切りにする。

4
容器にカリン、氷砂糖を入れ、ホワイトリカーを注ぐ。

5
6カ月後にカリンをとり出す。長期保存する場合は、鍋に入れて火にかけ、ひと煮立ちさせてから保存する。

グリーンレモン酒

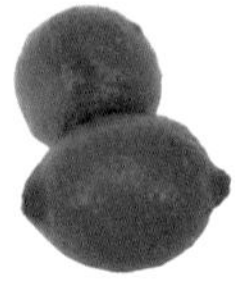

グリーンレモンは秋にまだ皮が緑色のうちに収穫したもの。収穫して日にちがたつと黄色に変化してしまうので、濃い緑色をしたものは国産の新鮮な証拠です。秋だけのフレッシュな香りとしっかりとした酸味をお酒に閉じ込めましょう。

● **おすすめの容器と材料**

保存容器	1.4ℓ
グリーンレモン(皮なし)	280g
グリーンレモンの皮	20g
氷砂糖	30g
ホワイトリカー	470mℓ

● **DATA**

[飲みごろ] 2カ月後から
[コスト] 安　中　高
[味] 強い酸味の中にほんのり甘みがある
[アレンジする場合のおすすめのベース酒] ジン、ウォッカ
[効能] 疲労回復・抗酸化作用・抗菌作用・高血圧予防・老廃物排出促進・美肌

素材の選び方・漬け込み時期

10～12月に収穫され、1月を過ぎると黄色くなるので、秋が漬け込みのチャンス。表面がかたくツヤのあるものを選びましょう。

飲み方・味わい方

未熟ならではのキリリとした味わいを楽しむならロックや水割り。ウイスキーや炭酸水と合わせてハイボールにしてもよいでしょう。

MEMO　グリーンレモンは国産の新鮮なレモンです。安心安全なグリーンレモンならではのさわやかな香りを楽しんでください。

作り方

1

グリーンレモンはよく洗い、包丁で皮をむき、1.5㎝幅の輪切りにする。

2

容器にグリーンレモンの果肉、皮、氷砂糖を入れ、ホワイトリカーを注ぐ。

3

1週間後に皮、1カ月後に果肉をとり出す。

2カ月後　1週間後　当日

ざくろ酒

甘酸っぱくて、みずみずしい独特の風味。ひとつの果実の中にたくさんの実がなることから、
昔から子宝に恵まれるフルーツといわれてきました。薬用酒には実だけを使います。
濃厚な赤色に染まり、大人の雰囲気に。

●おすすめの容器と材料

保存容器	1ℓ
ざくろ	250g
氷砂糖	50g
ホワイトリカー	500mℓ

●DATA

[飲みごろ] 3カ月後から
[コスト] 安　中　高
[味] 甘みと渋味と酸味がある
[アレンジする場合のおすすめのベース酒]
ウォッカ、ブランデー
[効能] 疲労回復・抗酸化作用・高血圧予防・記憶力の向上・むくみ緩和・美肌

素材の選び方・漬け込み時期

国産のざくろはわずかで、ほとんどが輸入品。スーパーに出回るのは9～10月。全体が赤く色づいたものがよく、茶色に変色したものは避けましょう。手に持つとずっしりと重みのあるものを選びます。

飲み方・味わい方

ロックや炭酸水割り。アイスティー割り、ウーロン茶割り。

MEMO「女性の果実」と呼ばれてきたざくろは、美肌や女性の体の機能を正常にしてくれる効果があると期待されています。

作り方

1

ざくろは上部を切り落とし、白い房の筋に沿って包丁を入れて割り（実や果汁は飛び散りやすいので気をつける）、実をとり出す。

2

容器に実、氷砂糖を入れ、ホワイトリカーを注ぐ。

3

3カ月後に実をとり出し、こす。
注意：皮は有害なので入れないこと。

サルナシ酒

やや酸味があり、野趣あふれる味わいのサルナシ酒。
サルナシは全国の山間部で自生する植物。断面はキウイフルーツに似ていて
「コクワ」「ベビーキウイ」「ミニキウイ」などとも呼ばれています。

●おすすめの容器と材料

保存容器	1ℓ
サルナシ	300g
氷砂糖	30g
ホワイトリカー	470mℓ

●DATA

［飲みごろ］ 4カ月後から
［コスト］ 安　中　高
［味］ 甘みと酸味がある
［アレンジする場合のおすすめのベース酒］
日本酒（アルコール度数20度以上）
［効能］ 疲労回復・滋養強壮・不眠症改善・高血圧予防・便秘解消・抗酸化作用・食欲増進・冷え症改善・美肌

素材の選び方・漬け込み時期

旬は9～10月。皮がしんなりしてきたら食べごろですが、薬用酒に使用するものは完熟前のもの。皮が少しやわらかくなり、香りがするようになったものを使いましょう。

飲み方・味わい方

野性的な風味をダイレクトに楽しむためには、ストレートかロックがおすすめ。

MEMO　サルナシは栽培が難しく、市場にはほとんど流通しておらず「幻の珍果」と呼ばれています。

4カ月後　1週間後　当日

作り方

1
サルナシはよく洗い、キッチンペーパーで水けをふきとる。皮が黒ずんだり、傷んだりしたものはとり除く。

2
へたと軸をキッチンバサミで切り落とす。

3
容器にサルナシ、氷砂糖を入れ、ホワイトリカーを注ぐ。

スターフルーツ酒

「ゴレンシ」が正式名称ですが、横に切ると切り口が星形になることから、この名前が浸透しました。角の部分はやや渋みがあるのと、お酒が浸透しやすくするため、切り落としましょう。南国生まれどうし、泡盛との相性も抜群です。

● おすすめの容器と材料

密閉容器……1.4ℓ
スターフルーツ……270g
泡盛……530mℓ

● DATA

［飲みごろ］ 2カ月後から
［コスト］ 安　中　高
［味］ ほんのりとした甘みがある
［アレンジする場合のおすすめのベース酒］ ブランデー、ウォッカ、ホワイトリカー
［効能］ むくみ緩和・便秘解消・下痢予防・高血圧予防・生活習慣病予防・抗酸化作用・美肌

素材の選び方・漬け込み時期

沖縄などで栽培されていて、旬は9月〜翌2月。皮がほどよいかたさで、黄色のものを選びましょう。皮がやわらかいものは完熟しているので果実酒には不向きです。

飲み方・味わい方

やわらかい飲み口なので、ロック割りがおすすめ。グラスに炭酸水と注ぎ、星形の果肉を添えるのもよいでしょう。

MEMO　甘みの強い甘味種は生食向きで、酸味の強い酸味種はジャムやピクルスに向きます。果実酒はどちらでも作れます。

2カ月後　1週間後　当日

作り方

1
スターフルーツは洗い、キッチンペーパーで水けをふきとる。

2
5つの角の先を切り落とし、1㎝幅に切る。

3
容器にスターフルーツを入れ、泡盛を注ぐ。

すだち酒

国産のほとんどが徳島県産。しっかりとした酸味とほのかな苦みがあり、甘みはありません。
ホワイトリカーより糖度の高い日本酒に漬け込むことで、
甘み、酸味、苦みのバランスがとれて、まろやかになります。

素材の選び方・漬け込み時期

旬は8～9月。太陽をしっかり浴びた鮮やかな濃い緑色のものはビタミン類も豊富で、香りもよく、果実酒向きです。熟して黄色に変色したものは、10月下旬以降に収穫したものに多く、果汁と酸味が減っているので避けましょう。

飲み方・味わい方

甘み、酸味、苦みのバランスを感じるためにロックまたは水割りがおすすめです。

●おすすめの容器と材料

保存容器	1ℓ
すだち	240g（8個）
氷砂糖	20g
日本酒（アルコール度数20度以上）	540㎖

●DATA

［飲みごろ］　1カ月後から

［コスト］　安　中　高

［味］　やわらかい口当たりで甘みと苦みがある

［アレンジする場合のおすすめのベース酒］
ホワイトリカー（氷砂糖は増やす）

［効能］　疲労回復・抗酸化作用・血圧降下・食欲増進・冷え症緩和・精神安定・美肌

MEMO　近年、すだちのしぼりかすに血糖値の上昇を抑える働きがあることが判明。他の柑橘類にはない「すだち」特有の効果です。

作り方

1

すだちはよく洗い、キッチンペーパーで水けをふきとり、へたを切り落とし、7～8㎜幅の輪切りにする。

2

容器にすだち、氷砂糖を入れ、日本酒を注ぐ。

3

2週間後にすだちをとり出す。

梨酒

梨は大きく分けて中国梨、日本梨、西洋梨(洋梨)の3タイプがあります。果実酒には香りや甘みがしっかりと出る、ラ・フランスやオーロラなどの西洋梨が向いています。成分の80%以上が水分で糖質が多いので、糖類を加えなくても甘さを感じます。

素材の選び方・漬け込み時期

7〜11月に出回っています。表面にツヤがあり傷がないもの、手に持つと重量感があるものを選びます。果実酒用なら皮に青みが残っていてもOK。

飲み方・味わい方

芳醇でフルーティな甘みがあるので、お酒に慣れない人にも合うお酒です。炭酸水割りにすればいっそう飲みやすくなります。

●おすすめの容器と材料

保存容器……1.4ℓ
梨……380g
ホワイトリカー……420mℓ
※洋梨は水分の多いものを使用する場合は300gでも可。

●DATA

[飲みごろ]　2カ月後から
[コスト]　安　中　高
[味]　甘みがあり、飲みやすい
[アレンジする場合のおすすめのベース酒]　テキーラ
[効能]　疲労回復・貧血予防・便秘解消・利尿作用・夏バテ予防・消化促進・解熱作用

MEMO　梨はカリウムを多く含み、生理代謝や利尿に効果があるといわれていて、残暑の水分補給の一杯に向いています。皮や種から栄養素やうまみエキスがお酒に浸出します。

作り方

1

梨は縦に6〜8等分に切り、花落ち部(尻)と頭のくぼみ部分は切り落とす(種はつけたままでよい)。

2

容器に梨を入れ、ホワイトリカーを注ぐ。

2カ月後　1週間後　当日

姫りんご

真っ赤に色づいたミニサイズのりんごが姫りんご。飛行機の機内食や縁日のりんご飴によく使われています。渋みがありますが、甘みと酸味もあって果実酒向き。丸ごと漬けるとかわいいですが、切って漬けると完成が早くなります。

素材の選び方・漬け込み時期

今回使用した「アルプス乙女」は長野生まれで、10月中旬〜下旬に収穫されます。軸が中心に実がふくらんでいて、皮にハリがあって、実がかたいものを使います。

飲み方・味わい方

ロックはもちろんのこと、炭酸水で割ってアップルタイザー風にしてもよいでしょう。

●おすすめの容器と材料

保存容器	1.4ℓ
姫りんご	250g
レモン	1/2個
氷砂糖	30g
ホワイトリカー	470mℓ

●DATA

[飲みごろ] 3カ月後から
[コスト] 安　中　高
[味] 甘みがあり酸味が強い
[アレンジする場合のおすすめのベース酒]
ウイスキー、ダークラム、ウォッカ
[効能] 食欲増進・消化促進・便秘解消・コレステロール低下・疲労回復・美肌・生活習慣病予防

MEMO 姫りんごは生食よりも果実酒やジャムなど、加工向きです。

3カ月後　1週間後　当日

作り方

1
ボウルにぬるま湯を張り、やわらかめのスポンジで姫りんごをこすって洗う。縦4等分に切り、花落ち部(尻)と頭のくぼみ部分を切り落とす。種はとらずにそのまま入れる。

2
レモンはよく洗い、5mm幅の輪切りにする。

3
容器に姫りんご、氷砂糖、レモンを入れ、ホワイトリカーを注ぐ。

4
1カ月後にレモンをとり出す。

フェイジョア酒

日本ではまだ認知度は低いですが、関東より西南の地域で栽培する人がふえています。おもな生産地はニュージーランド。パイナップルとバナナをかけ合わせたような、甘みと酸味のバランスがよいトロピカルな風味の果実酒です。

●おすすめの容器と材料

保存容器	1ℓ
フェイジョア	250g
氷砂糖	30g
ホワイトリカー	520mℓ

●DATA

［飲みごろ］　2カ月後から
［コスト］　安　中　高
［味］　甘みと酸味があり、独特な味わい
［アレンジする場合のおすすめのベース酒］
ウォッカ、ブランデー
［効能］　むくみ緩和・高血圧予防・便秘解消・疲労回復・美肌

素材の選び方・漬け込み時期

旬は11〜12月。フェイジョアは収穫後すぐではなく、追熟させることでよりおいしく、栄養機能も高まるといわれています。果実酒に適しているのは、完熟前の皮がやわらかくなって、香りがしてきたころです。

飲み方・味わい方

ロックまたは水割り、炭酸水割りがフェイジョアの味と香りを楽しめます。

作り方

1
フェイジョアは包丁で皮をむき、1cm幅の輪切りにする。

2
容器にフェイジョア、氷砂糖を入れ、ホワイトリカーを注ぐ。

MEMO　果実酒以外のフェイジョアの食べ方は、生のまま食べたり、ジャムやシャーベット、スムージーにしたりするとおいしいです。

2カ月後　1週間後　当日

へべす酒

江戸時代に長宗我部平兵衛が山の中で発見したことから、「平兵衛酢（へべす）」と呼ばれるようになりました。すだちやかぼすとくらべて、種がほとんどなく皮が薄いのが特徴。果実酒にすると香り高く、酸味がまろやかに仕上がります。

素材の選び方・漬け込み時期

旬は8～9月。産地は宮崎県日向市で他の地域ではなかなか手に入りません。へべすは収穫時期が短く、長期保存はできませんが、冷凍保存ができます。

飲み方・味わい方

ロックでゆっくりと、へべすの香りを楽しみましょう。炭酸水を注ぐとさわやかな味わいに。

● おすすめの容器と材料

保存容器	1.4ℓ
へべす	270ｇ
氷砂糖	30ｇ
ホワイトリカー	500㎖

● DATA

［飲みごろ］ 3カ月後から

［コスト］ 安　中　高

［味］ 甘み、酸味、香りがバランスよい

［アレンジする場合のおすすめのベース酒］

日本酒（アルコール度数20度以上）

［効能］ 疲労回復・抗酸化作用・冷え症緩和・リラックス効果・美肌・花粉症軽減

MEMO　食事から摂取しなければならない9種類の必須アミノ酸のうち、へべすには8種類が含まれています。

作り方

1

へべすは包丁で皮をむき、1～1.5㎝幅の輪切りにする。

2

容器にへべす、氷砂糖を入れ、ホワイトリカーを注ぐ。

3

2カ月後にへべすをとり出し、こす。

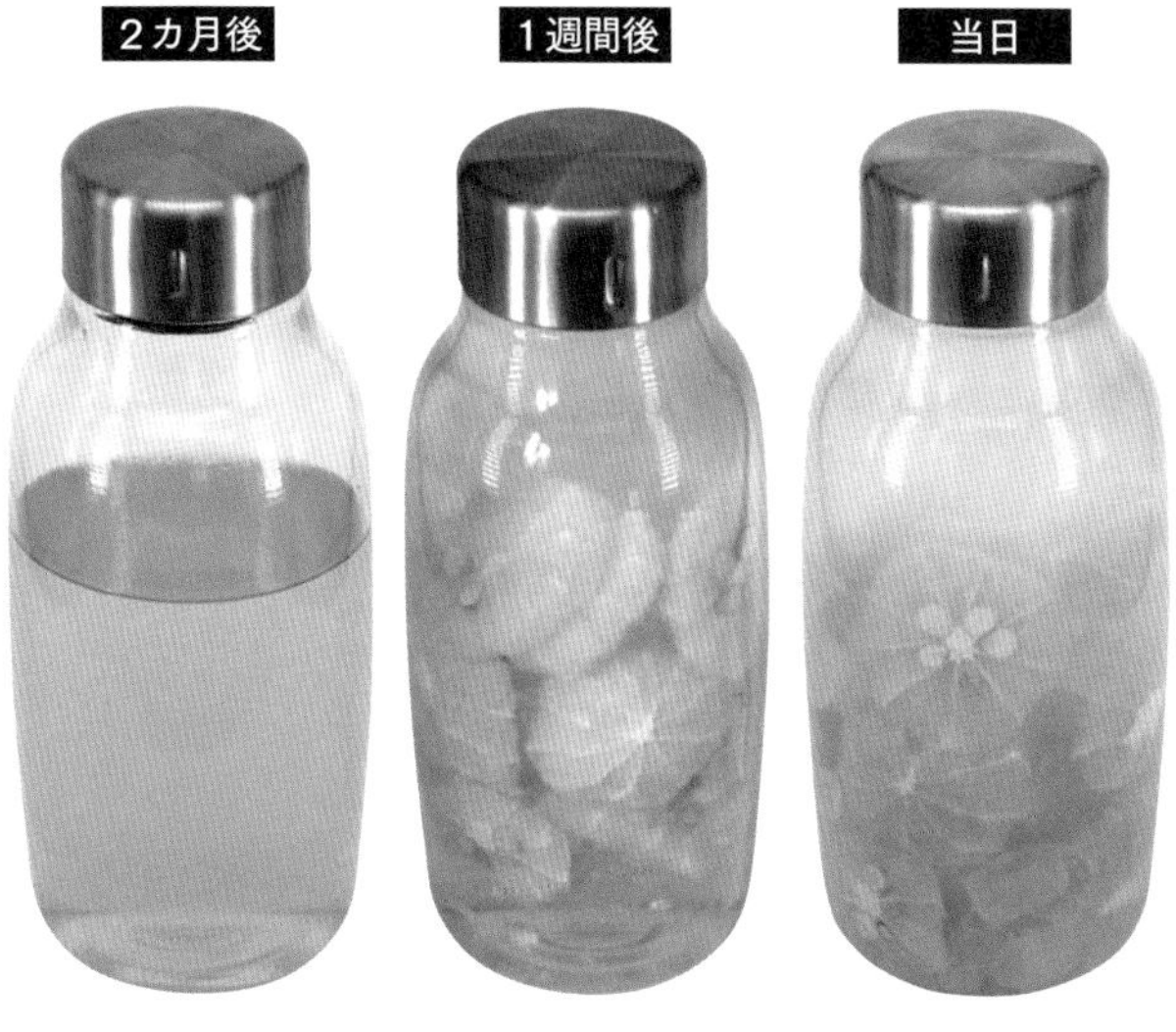

ポーポー酒

熟すと果肉がオレンジ色になり、クリーミーでねっとりした食感になることから「森のカスタードクリーム」と言われています。果実酒にすると、バナナのような香りとトロッとした舌ざわりを感じることができます。

●おすすめの容器と材料

保存容器	1.4ℓ
ポーポー	270g
氷砂糖	30g
ホワイトリカー	500mℓ

●DATA

[飲みごろ] 2カ月後から

[コスト] 安　中　高

[味] ややとろみがあり、甘みの中に酸味がある

[アレンジする場合のおすすめのベース酒]
ダークラム、ウォッカ

[効能] 疲労回復・生活習慣病予防・抗酸化作用・風邪予防・美肌

素材の選び方・漬け込み時期

9〜10月が収穫時期。小さいものは種が多く可食部が少ないので、１５０g以上のものを選んでください。皮は収穫後2日目あたりから黒く変色しますが、果肉に影響はありません。皮が少しやわらかくなり、香りがするようになったものを使いましょう。

飲み方・味わい方

ストレート、ロック、牛乳割りで。

MEMO　ポーポーはほとんど流通せず「幻の珍果」と言われています。食べごろの見極めが難しいうえ、表面が黒ずみやすく、熟すのが早いことが流通しにくい理由です。

2カ月後　1週間後　当日

作り方

1

ポーポーはよく洗い、キッチンペーパーで水けをふきとる。

2

へたと皮の黒いしみを包丁でそぎとり、種を避けながら一口大に切る。

3

容器にポーポー、氷砂糖を入れ、ホワイトリカーを注ぐ。

4

1カ月後にポーポーをとり出す。※果肉がオレンジ色に熟したポーポーを使用する場合、雑味が出やすいので、雑味を感じたら早めにこす。

むべ酒

本州の関東以西に自生するあけびの仲間。あけびよりもサイズはひとまわり小さく、皮は薄く、熟しても果皮が裂けることはありません。皮によって赤紫色を帯びた果実酒は、飲むとコクがあり、ほのかに甘みと苦みを感じます。

素材の選び方・漬け込み時期

旬は10~11月。全体的に赤色で、手に持つと重みを感じるものがベストです。完熟一歩手前のものを漬け込みましょう。

飲み方・味わい方

まろやかなコク、甘み、苦みを併せ持つ特有の味わいを、ストレートロックや炭酸水割りで楽しみましょう。

●おすすめの容器と材料

保存容器	1.4ℓ
むべ	300g
氷砂糖	30g
ホワイトリカー	470mℓ

●DATA

[飲みごろ] 1カ月後から
[コスト] 安　中　高
[味] コクと甘みと苦みがある
[アレンジする場合のおすすめのベース酒]
テキーラ、ウォッカ
[効能] 疲労回復・コレステロール低下・消化促進・風邪予防・抗酸化作用・美肌

MEMO 以前は、あけび同様にフルーツとして親しまれていましたが、現在は、市場ではほとんど流通していません。

作り方

1
むべはよく洗い、キッチンペーパーで水けをふきとり、縦半分に切る。

2
容器にむべ、氷砂糖を入れ、ホワイトリカーを注ぐ。

3
1～2カ月後に、むべをとり出す。

メロゴールド酒

グレープフルーツと文旦をかけ合わせたアメリカ生まれのフルーツ。
グレープフルーツより酸味は少ないかわりに強い甘みとほのかな苦みを果実酒でも味わえます。
果肉がやわらかくジューシーなところも果実酒向きです。

●おすすめの容器と材料

保存容器	1.4ℓ
メロゴールド	250g（約1/2個）
氷砂糖	50g
ホワイトリカー	500mℓ

●DATA

［飲みごろ］ 2カ月後から
［コスト］ 安　中　高
［味］ 甘みとほのかに苦みがある
［アレンジする場合のおすすめのベース酒］
ジン
［効能］ 疲労回復・脂肪燃焼・リラックス効果・不眠症改善・抗酸化作用・美肌

素材の選び方・漬け込み時期

ほぼアメリカ産で、11月〜翌2月に出回ります。均整のとれた形をしていて、ずしりと重みのあるものを選びましょう。11〜12月の出始めのころは、皮は淡い黄緑色で、1月に入ると黄色になり、味は酸味が強くなります。

飲み方・味わい方

さわやかな飲み口なので、シンプルなロックや炭酸水割りがおすすめ。

作り方

1
メロゴールドは底の中央部に、包丁で十字に切り込みを入れる。

2
手で皮をむき、果肉をつぶさないようやさしく半分に割る。

3
1房とり、薄皮の上部を包丁やキッチンバサミで切り落とし、薄皮を手でむき、種をとり除く。

4
容器にメロゴールド、氷砂糖を入れ、ホワイトリカーを注ぐ。

5
2カ月後に果肉をとり出し、ビニール手袋を装着して、軽くしぼり、こす。

2カ月後　1週間後　当日

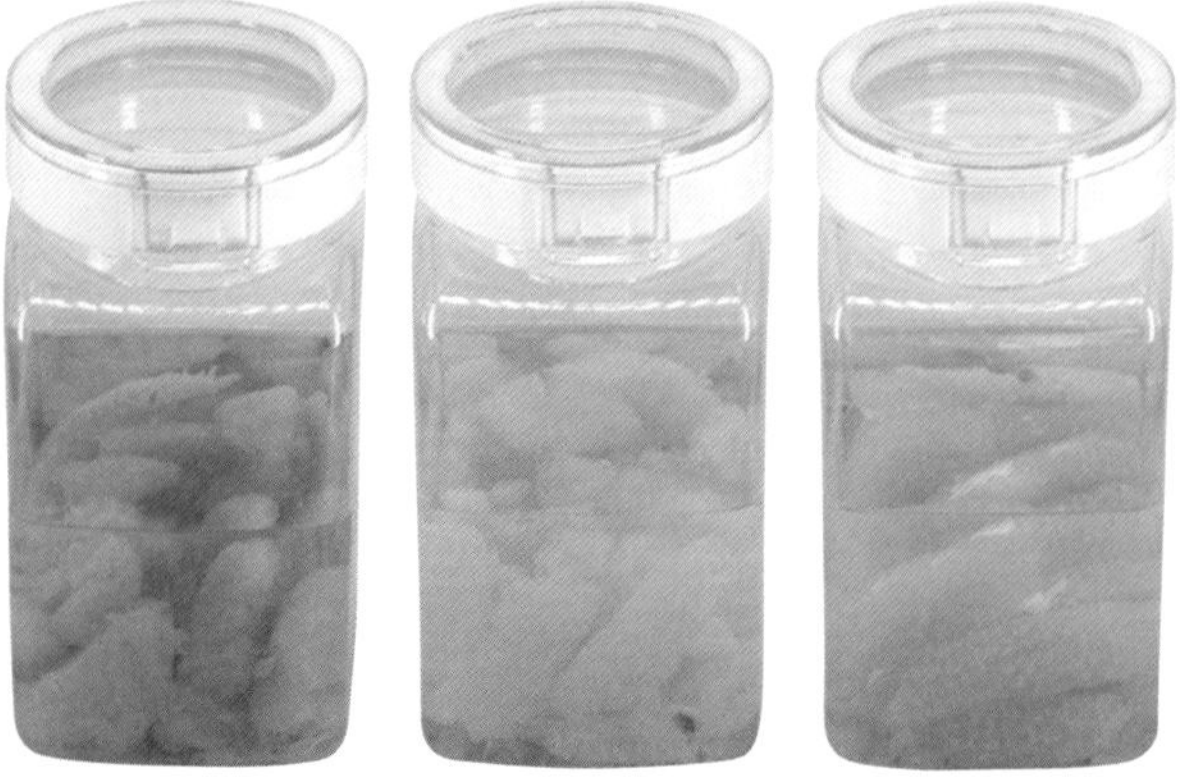

金柑酒

冬を代表する、小さくてかわいらしい柑橘です。
柑橘の中で唯一、皮ごと食べることができ、皮には栄養がたっぷり含まれています。
皮はほろ苦さがあるので、ハチミツを加えることで、やわらかい飲み口にしています。

素材の選び方・漬け込み時期

旬は1～3月。皮が明るいオレンジ色でハリとツヤがあるもの。手に持つと、重みを感じるものを選びましょう。

飲み方・味わい方

金柑酒には、ビタミンCやA、食物繊維などが含まれています。体が冷える時期は、お湯割りにして飲むと、体を温めることができます。

●おすすめの容器と材料

保存容器	1ℓ
金柑	270g(17～20個)
しょうが	1かけ(10g)
ハチミツ	大さじ2
日本酒(アルコール度数20度以上)	400mℓ

●DATA

[飲みごろ]　2カ月後から
[コスト]　安　中　高
[味]　ほろ苦く、ほのかに甘い
[アレンジする場合のおすすめのベース酒]
ホワイトリカー、ジン
[効能]　抗酸化作用・消化促進・風邪予防・疲労回復・美肌・便秘解消・精神安定

MEMO　金柑の皮には、ヘスペリジンと呼ばれる血管を健康に保つことができる成分が含まれています。金柑はヘスピリジンを効率よく摂取できるといわれています。

作り方

1

金柑はぬるま湯で洗い、水けをきる。さらにキッチンペーパーで水けをふきとる。

2

金柑を縦4等分に切り、しょうがは皮つきのまま5mm厚さの薄切りにする。

3

容器に金柑、しょうが、ハチミツを入れ、ホワイトリカーを注ぐ。

2カ月後　1週間後　当日

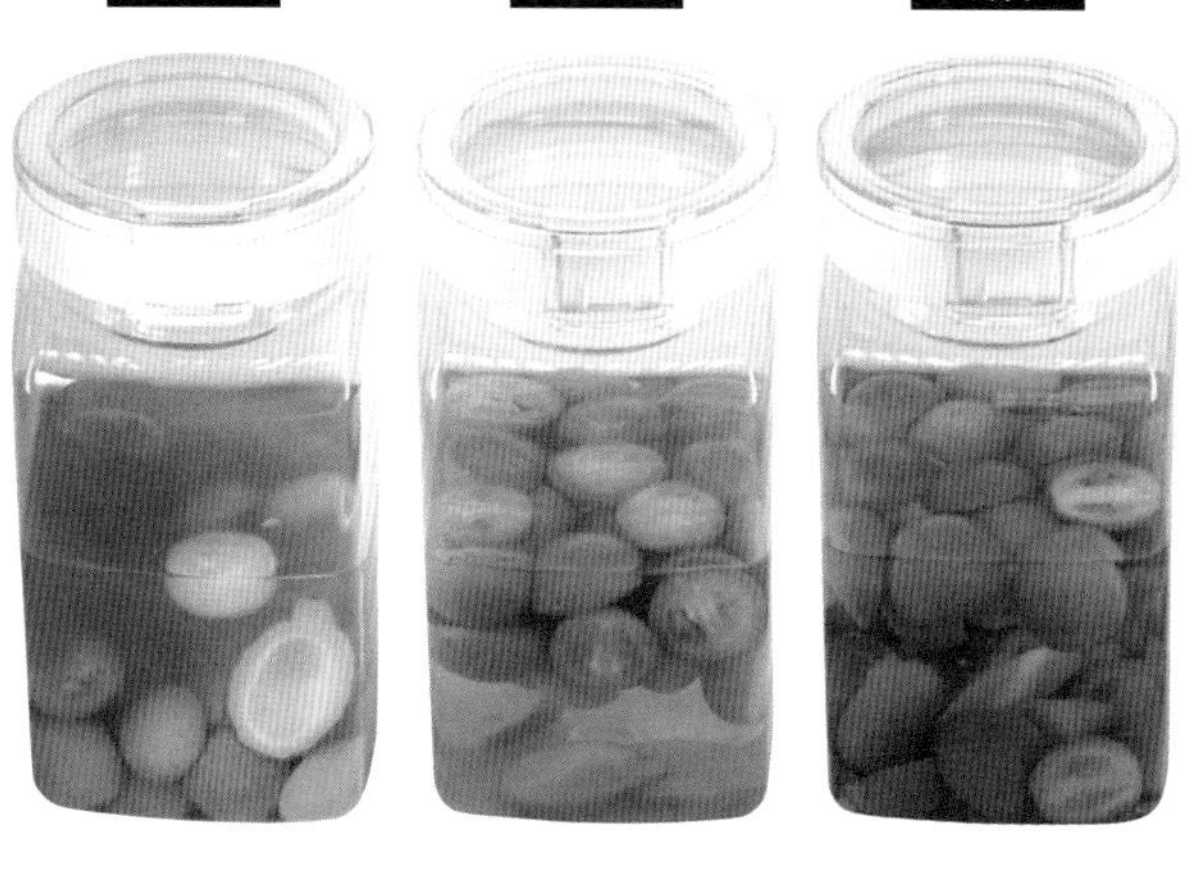

シークワーサー酒

沖縄の方言では「シー」はすっぱい、「クワサー」は食べさせる、という意味です。
酸味が強いイメージがありますが、ほんのり甘みもあります。
漬け込むお酒は、同じ沖縄生まれの泡盛が相性抜群です。

●おすすめの容器と材料

保存容器	1ℓ
シークワーサー	(正味)250g
氷砂糖	30g
泡盛	520mℓ

●DATA

［飲みごろ］ 3カ月後から
［コスト］ 安　中　高
［味］ 甘みの中に酸味がある
［アレンジする場合のおすすめのベース酒］
日本酒(アルコール度数20度以上)、ウォッカ、ジン
［効能］ 疲労回復・コレステロール低下・高血圧予防・血糖値降下・花粉症緩和・美肌・精神安定

素材の選び方・漬け込み時期

旬は8月~翌2月で長期にわたる。緑色のものは酸味が強いので調味料や果実酒に、黄色く熟したものは甘いので生食もできます。

飲み方・味わい方

ロックで泡盛とシークワサーの香りを感じましょう。また、魚にひとふりしてから焼くと魚のくさみがとれるだけでなく、柑橘のさわやかな香りが立ちます。

MEMO　シークワーサーの果実酒は、黄色のものでも、緑色のものでも作れます。

作り方

1
シークワーサーは手で皮をむき、果肉についた白い筋をとり、細かい筋は竹串などでとり除く。

2
容器にシークワーサー、氷砂糖を入れ、泡盛を注ぐ。

3
3カ月後にシークワーサーをとり出す。

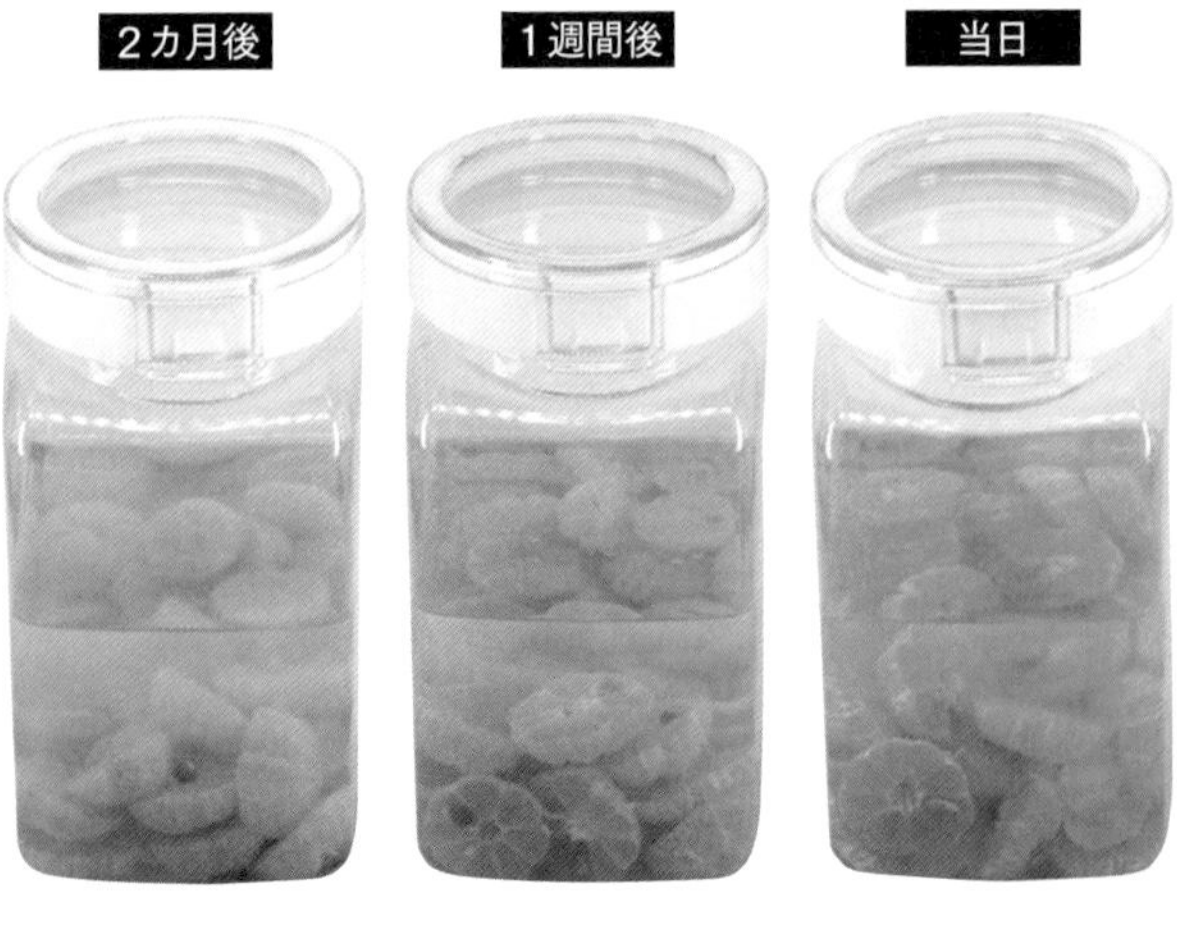

スウィーティ酒

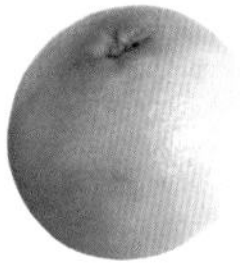

グレープフルーツと文旦をかけ合わせた、イスラエル生まれのフルーツです。
アメリカ産になると「オロブランコ」と呼ばれます。
スウィーティ酒は、酸味がありすっきりとした飲み口ですが、香りは甘く華やかです。

素材の選び方・漬け込み時期

旬は11月~翌2月。一般的に店頭に並んでいるのは輸入品で、熟する前に収穫して出荷されるため、皮の色が濃い緑色のものより黄色に色づいたものがよいでしょう。均整のとれた形で、皮に傷がなく、手に持つと少しでも重みのあるほうを選びましょう。

飲み方・味わい方

酸味をしっかり感じるために、ロックや炭酸水割り。

●おすすめの容器と材料

保存容器	1.4ℓ
スウィーティ	(正味)270g
氷砂糖	30g
ホワイトリカー	500mℓ

●DATA

[飲みごろ]　2カ月後から
[コスト]　安　中　高
[味]　甘みと酸味がある
[アレンジする場合のおすすめのベース酒]
ウォッカ、ジン
[効能]　風邪予防・疲労回復・抗酸化作用・便秘解消・下痢予防・美肌・不眠症改善・精神安定

MEMO　1958年にアメリカで誕生したスウィーティ。日本では1990年代にガムや清涼飲料水などに使われたことで、一気に知られるようになりました。

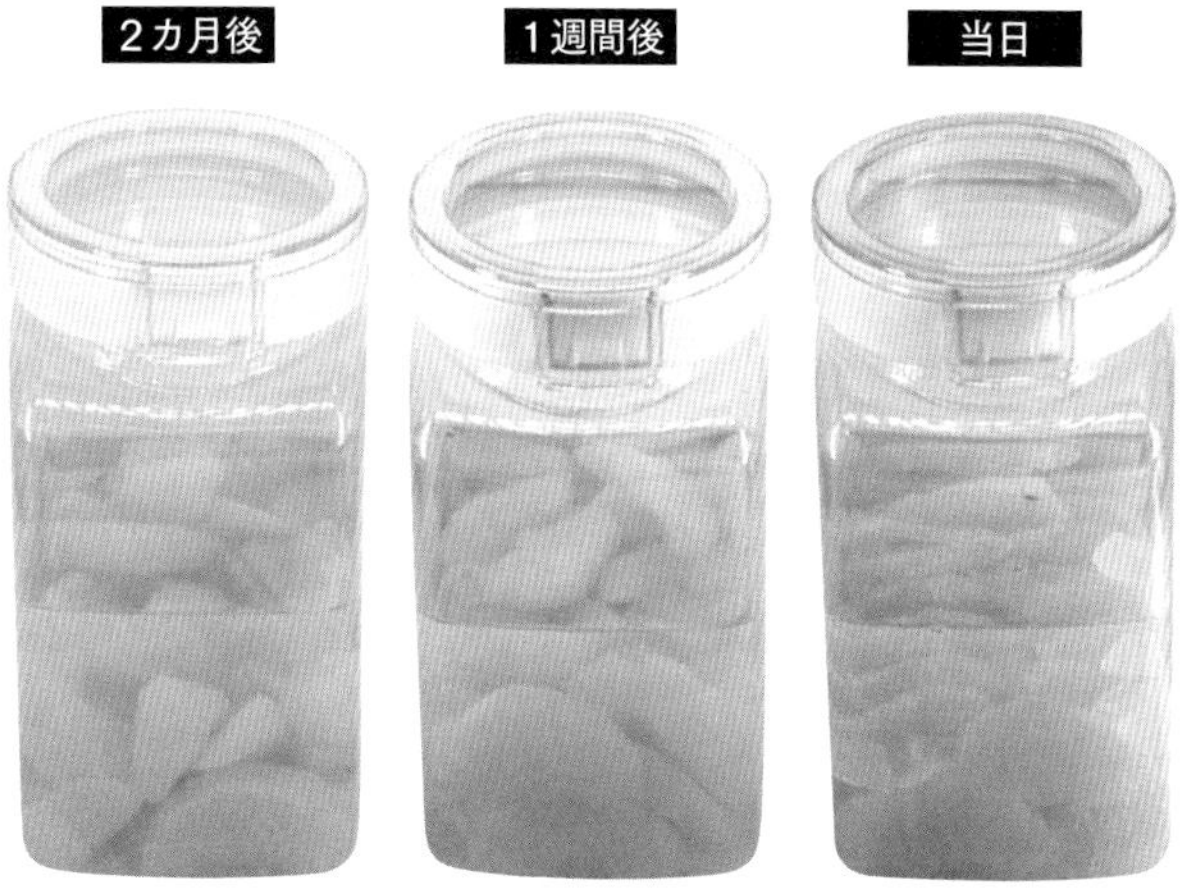

作り方

1
スウィーティは上下を切り落とし、果肉の上と下に4カ所ずつに切れ目を入れ、切れ目から皮を手でむく。

2
容器にスウィーティ(種ごと)、氷砂糖を入れ、ホワイトリカーを注ぐ。

3
3カ月後にスウィーティをとり出す。

ダイダイ酒

正月の鏡餅の飾り用として日本ではなじみのある果実で、甘みはありません。
酸っぱさが際立っていて、ポン酢じょうゆなど調味料に使われています。
ダイダイ酒にはあえて糖類を加えず、酸味とさわやかで甘い香りを堪能しましょう。

●おすすめの容器と材料

保存容器	1.4ℓ
ダイダイ	3個（正味330ｇ）
ダイダイの皮	1個分（30ｇ）
ホワイトリカー	450㎖

●DATA

［飲みごろ］　2カ月後から
［コスト］　安　中　高
［味］　とろみがあり、酸っぱい
［アレンジする場合のおすすめのベース酒］
ウォッカ、ジン
［効能］　疲労回復効果・風邪予防・便秘解消・下痢予防・利尿作用・抗酸化作用・高血圧予防・美肌・精神安定

素材の選び方・漬け込み時期

出回るのは11月～翌1月の初めまで。明るいオレンジ色で、傷がなく、果汁をたっぷり含んでいそうな重みがあるものを選びましょう。

飲み方・味わい方

甘みはないので、お好みでハチミツを加え、お湯割りや炭酸水割りなどに。飲みごろを迎えた春の陽気がいい日は、ビールと合わせて華やかな柑橘の香りを楽しみむのもおすすめ。

MEMO　皮の分量は、実の10分の1程度入れるのが目安。2週間後から飲めるようになりますが、熟成には約2カ月かかります。

2カ月後　1週間後　当日

作り方

1
ダイダイはよく洗って、キッチンペーパーで水けをふきとる。

2
上下を切り落とし、クルクルとまわしながら包丁を使って皮をむく。

3
容器にダイダイ、ダイダイの皮を入れ、ホワイトリカーを注ぐ。

4
皮は1週間後、実は2カ月後に引き上げる。

デコポン酒

へたの部分がポコンと盛り上がった特徴的な形状から、デコポンと呼ばれています。
皮が手でむけるほどやわらかく、果肉は甘みがしっかり。
デコポンを漬け込んだお酒は透き通った淡いゴールド色の、やさしい味わいになります。

●おすすめの容器と材料

保存容器	1.4 ℓ
デコポン	300 g
氷砂糖	30 g
ホワイトリカー	470㎖

●DATA

[飲みごろ]　2カ月後から
[コスト]　安　中　高
[味]　甘みがある
[アレンジする場合のおすすめのベース酒]
ウォッカ、ジン
[効能]　疲労回復・風邪予防・便秘解消・下痢予防・利尿作用・抗酸化作用・高血圧予防・美肌・精神安定

素材の選び方・漬け込み時期

旬は12月～翌3月。濃いオレンジ色で、持つと重みを感じ、皮と実にすき間がなく皮が浮いていないものを選びます。凸部の形が味に影響することはありません。

飲み方・味わい方

柑橘の甘みとさわやかな香りをしっかり味わうならロック。炭酸水で割ると、デコポン酒の甘みと炭酸水のシュワシュワとした爽快な刺激がマッチします。

MEMO　デコポンの名前はJA熊本果実連の登録商標で、正式名称は「不知火(しらぬい)」。清美とポンカンの交配種で、おもに熊本を中心とした九州地方で収穫されています。

作り方

1

デコポンはよく洗い、キッチンペーパーで水けをふきとる。

2

手で皮をむき、白い筋をとり除き、横に1㎝幅の輪切りにする。

3

容器にデコポン、氷砂糖を入れ、ホワイトリカーを注ぐ。

4

3カ月後に実は引き上げる。ビニール手袋をして、実を軽くしぼってこすと、より果汁を楽しめる。

2カ月後　1週間後　当日

日向《ひゅうが》夏《なつ》酒

日向夏は宮崎名物のフルーツです。高知では「土佐小夏」、愛媛では「ニューサマーオレンジ」と呼び、産地によって名前が違うのが特徴。白いわたの部分は厚く、甘みがあるので、わたごとお酒に漬け込みましょう。

素材の選び方・漬け込み時期

1～4月に食べごろを迎えたものが出回ります。皮の色が鮮やかで、へたが茶色に枯れていないもの。手に持つとずしりと重みを感じるものを選びます。

飲み方・味わい方

柑橘のお酒は炭酸水との相性がぴったりです。ストレートやロックにも合います。

●おすすめの容器と材料

保存容器	1ℓ
日向夏	300g
氷砂糖	30g
ホワイトリカー	470mℓ

●DATA

[飲みごろ]　2カ月後から

[コスト]　安　中　高

[味]　甘みの中にやや苦みがある

[アレンジする場合のおすすめのベース酒]

ジン、ホワイトリカー

[効能]　疲労回復・風邪予防・抗酸化作用・便秘解消・下痢予防・美肌・精神安定

MEMO　外側の黄色い皮は、砂糖漬けにして日向夏ピールにしたり、みじん切りにして薬味にしたり、ドレッシングの材料にしたり、用途はいろいろあります。

作り方

1

日向夏は包丁で外皮を薄くむき、できるだけ白いわたを残すようにする。1cm幅の輪形切りにする。

2

容器に日向夏、氷砂糖を入れ、ホワイトリカーを注ぐ。

3

2カ月後に実は引き上げる。ビニール手袋をして、軽くしぼってこすとより果汁が楽しめる。

2カ月後　1週間後　当日

仏《ぶっ》手《しゅ》柑《かん》酒

柑橘の仲間で、バナナのような、個性的な形をしています。日本では縁起物でお正月の飾りに用いられていますが、イタリアではマーマレードの材料に使われています。お酒に漬けても酸味や甘みは少なく、独特の軽やかで甘い香りを体験できます。

●おすすめの容器と材料

保存容器	1.4ℓ
仏手柑	220g
氷砂糖	30g
日本酒（アルコール度数20度以上）	550mℓ

●DATA

［飲みごろ］　3カ月後から
［コスト］　安　中　高
［味］　特有のさわやかな甘みがある
［アレンジする場合のおすすめのベース酒］
ホワイトリカー
［効能］　健胃・便秘解消・下痢予防・疲労回復・冷え症改善・リラックス効果・食欲増進・鎮痛作用

素材の選び方・漬け込み時期

皮にツヤがあるものを選んでください。正月の観賞用として流通するため、年末は入手しやすくなるといわれていますが、鹿児島県と和歌山県で栽培されており、他の地域では入手しにくいです。

飲み方・味わい方

柑橘の中でも仏手柑特有の味をロックもしくは水割りで楽しむのがおすすめです。

MEMO　独特な形をした仏手柑は「幸せをもたらすフルーツ」とも呼ばれています。

作り方

1

ボウルにたっぷりの水を張り、仏手柑を入れてふり洗いし、細かい部分はブラシなどで汚れをこすり落とす。キッチンペーパーで水けをふきとる。

2

へたを切り落とし、先端と皮にキッチンバサミで切り込みを入れる。

3

容器に仏手柑、氷砂糖を入れ、日本酒を注ぐ。浮いてきたら、ラップをふんわりと丸めて入れふたをする。

1カ月後　1週間後　当日

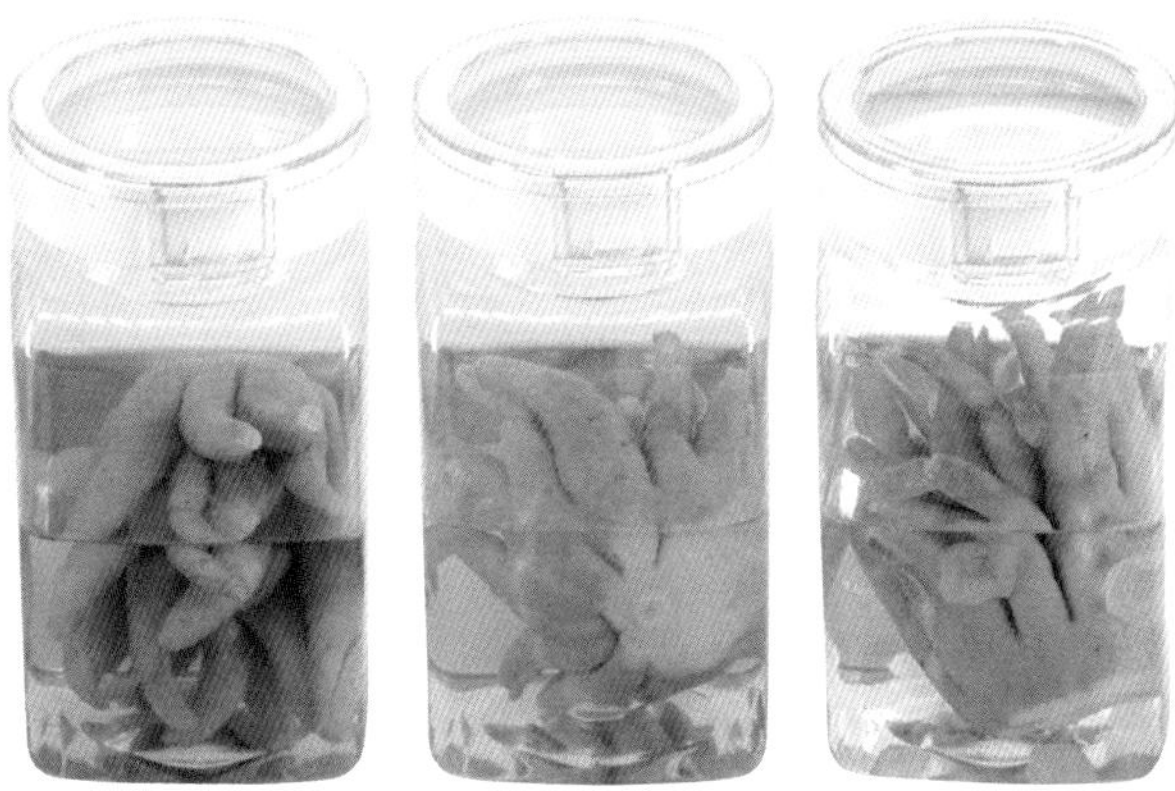

みかん酒

日本を代表する冬のフルーツといえば、みかん。
お酒に漬けると、酸味はほとんど感じず、なつかしい素朴な甘みに心が落ち着きます。
皮は天日干ししたものを使うと、味わいが濃厚になります。

●おすすめの容器と材料

保存容器	1.4ℓ
みかん	300g
みかんの皮	1個分
氷砂糖	20g
ホワイトリカー	480mℓ

●DATA

[飲みごろ] 2カ月後から
[コスト] 安　中　高
[味] スッキリした甘み
[アレンジする場合のおすすめのベース酒]
テキーラ
[効能] 抗酸化作用・疲労回復・風邪予防・骨粗鬆症予防・冷え症改善・便秘解消・美肌

素材の選び方・漬け込み時期

旬は11月~翌2月。皮にハリがあり、へたが緑色をしているものは新鮮な証拠。しまりがあり、皮が浮いていないものがよいでしょう。面面のブツブツが小さくて多いものは糖度が高いです。

飲み方・味わい方

酸味がなく、甘みはやさしいのでストレートでも飲みやすい。炭酸水割りやストレートティー割りもおすすめです。

MEMO 近年、みかん離れが進んだことにより、甘さにこだわり、質が求められるようになりました。みかんを保存するときには箱のふたは開けて保存し、重ねすぎないようにしましょう。

2カ月後　1週間後　当日

作り方

1
みかんはよく洗って手で皮をむき、白い筋をできるだけていねいにとり、1cm幅の輪切りにする。

2
みかんの皮はへたをとる。

3
容器にみかん、みかんの皮、氷砂糖を入れ、ホワイトリカーを注ぐ。

4
1週間後にみかんの皮、2カ月後にみかんの果肉をとり出す。

焼きりんご酒

電子レンジで加熱したりんごは甘みが凝縮されます。お酒に漬けると深い甘みがありますが、後口はさわやかに。今回のレシピではテキーラでシャープさを、さらにピンクペッパーを少し加えてスパイシーな風味もプラスし、大人のお酒に仕上げます。

●おすすめの容器と材料

保存容器	1.4ℓ
焼きりんご	340g
ピンクペッパー	小さじ2
テキーラ	450mℓ

●DATA

[飲みごろ] 1カ月後から
[コスト] 安　中　高
[味] 甘さの後にほどよい辛み
[アレンジする場合のおすすめのベース酒]
ブランデー、ダークラム
[効能] 食欲増進・消化促進・便秘解消・コレステロール低下・疲労回復・美肌・生活習慣病予防

素材の選び方・漬け込み時期

品種で多少違いがありますが、収穫時期は9～11月。果実酒は収穫すぐの新鮮なものを使いましょう。軸が中心で手に持つとずしりと重いものがおすすめです。

飲み方・味わい方

本来の風味を楽しむならストレートかロックで。ジンジャーエール割りにするとおしゃれな大人のカクテルになります。

MEMO　りんごは加熱調理をすることで、さらに栄養価がアップ。水溶性食物繊維のペクチンによる整腸作用が、加熱しないりんごとくらべて数倍も働き、便秘や下痢の予防・改善に役立ちます。

1カ月後

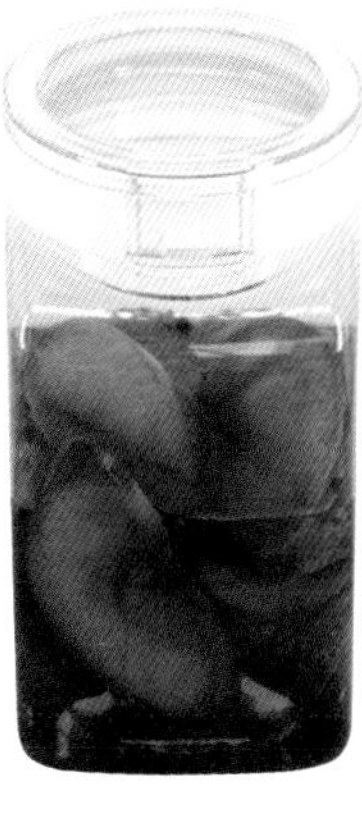

1週間後

当日

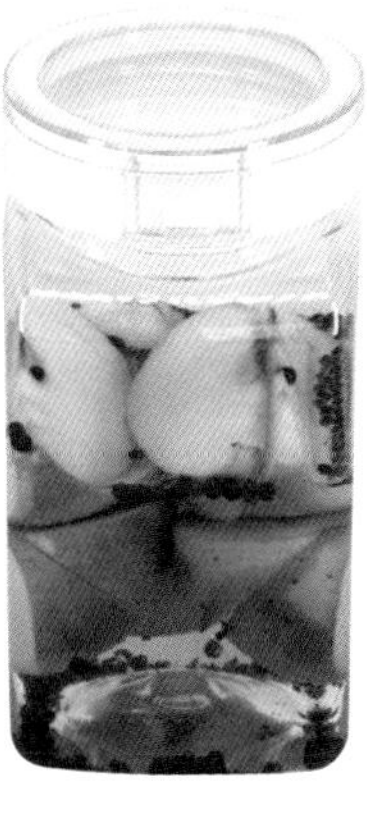

作り方

1

ボウルにぬるま湯を張り、やわらかめのスポンジでりんごをこすり洗いをする。縦6～8等分に切り、花落ち部(尻)と頭のくぼみ部分は切り落とし、軸の汚れをとり除く。

2

耐熱皿にりんごを並べて、ラップをかけずに、電子レンジ（500W）で1～1分半程度加熱する（りんごから湯気が出て歯ごたえが残る程度に）。

3

りんごの粗熱がとれたら、容器にりんご、ピンクペッパーを入れ、テキーラを注ぐ。

ゆず酒

中国原産のみかん科。日本各地で栽培され、香りがよく、
柑橘類の中では最も耐寒性があり、果汁は意外と少ないことが特徴です。ゆずに含まれている
ビタミンCやクエン酸などの栄養素は果肉より果皮に豊富に含まれています。

●おすすめの容器と材料

保存容器	1.4ℓ
ゆず	220g（およそ2個）
ゆずの皮	1個分
巣蜜（ハチミツでも代用可）	80g
ホワイトリカー	500㎖

●DATA

［飲みごろ］ 3カ月後から

［コスト］ 安　中　高

［味］ 酸味があって甘い

［アレンジする場合のおすすめのベース酒］
日本酒（アルコール度数20度以上）、
ホワイトリカー

［効能］ 風邪予防・抗酸化作用・疲労回復・冷え症改善・便秘解消・下痢予防・美肌

素材の選び方・漬け込み時期

旬は11月~翌1月。皮に光沢があり、色は濃い黄色のもの。また、なるべく傷が少なく、ゴツゴツしたものを選びましょう。

飲み方・味わい方

お湯を加えると、寒い日の食後酒としても楽しめます。

MEMO 残ったゆずの皮は薬味に活用できます。わたをできるだけそぎ落とし、小分けにしてラップに包み、密封袋に入れて冷凍保存ができます。冷凍の場合、約1年間保存が可能。

3カ月後

1週間後

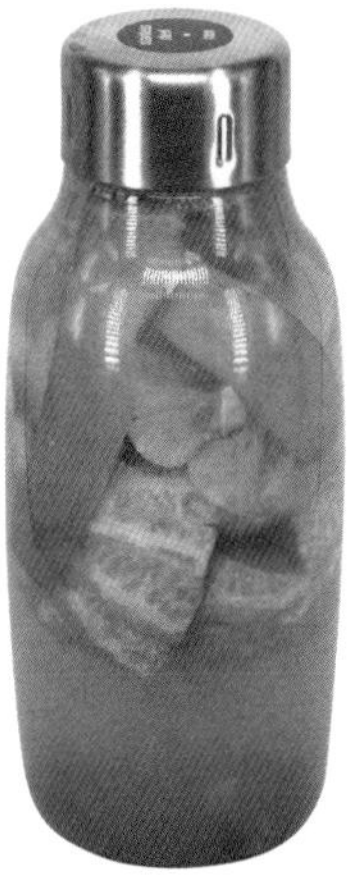

当日

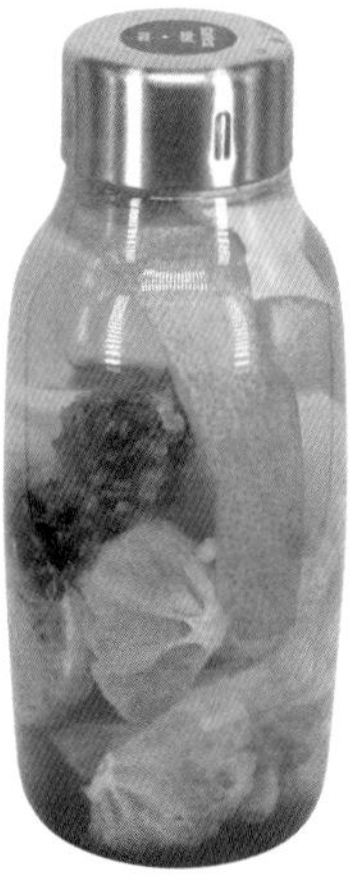

作り方

1

ゆずはぬるま湯で洗い、水けをふきとる。

2

ゆずを皮と実に分ける。それぞれ、わたをできるだけ、とり除く。

3

実を約1.5㎝の輪切りにする。

4

容器に、ゆずの実、巣蜜（またはハチミツ）、ゆずの皮を入れ、ホワイトリカーを注ぐ。

5

1週間後にゆずの皮を、2カ月後にゆずの実をとり出す。

りんご酒

味も香りも格別な旬のりんごを、コクのある黒糖とブランデーに漬け込み、
やや赤みがかった琥珀色の果実酒に仕上げました。
りんごとブランデーのふくよかな香りを楽しみましょう。

●おすすめの容器と材料

保存容器	1.4ℓ
りんご	小1.5個（約260ｇ）
レモン	1/2個
氷砂糖	30ｇ
黒糖	10ｇ
ブランデー	450㎖

●DATA

［飲みごろ］　3カ月後から
［コスト］　安　中　高
［味］　酸味がある
［アレンジする場合のおすすめのベース酒］
ホワイトリカー、テキーラ、泡盛
［効能］　食欲増進・消化促進・生活習慣病予防・コレステロール低下・疲労回復・美肌・便秘解消

素材の選び方・漬け込み時期

おもな品種の収穫時期は9～11月の短い時期。それ以降は貯蔵されたものとなります。果実酒には旬のものを使いましょう。軸が中心になり、手に持つとずしりと重みのあるものを選んでください。

飲み方・味わい方

香りを楽しむお酒なので、ストレートやロックがおすすめ。お酒を飲み慣れていない人は、水割りや炭酸水割りでもＯＫ。

MEMO　とり出したりんごは水と砂糖、レモン汁を加えて煮ればジャムに加工可能。甘煮にしてアップルパイのフィリングやカレーの隠し味にも活用できます。

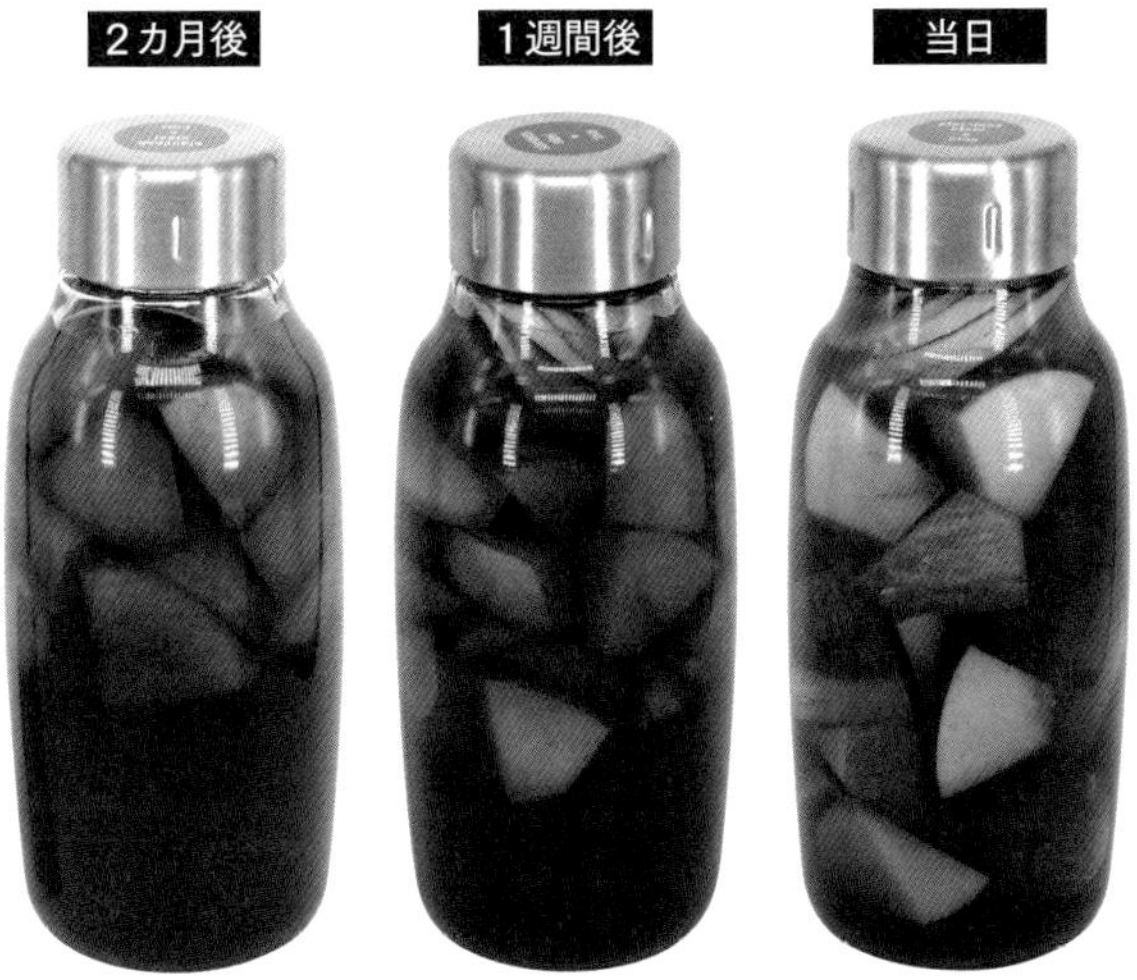

作り方

1

ボウルにぬるま湯を張り、やわらかめのスポンジでりんごをこすり洗いをし、水けをふきとる。適当な大きさに切る。花落ち部(尻)と頭のくぼみ部分は切り落とす(種はそのまま残す)。

2

レモンはよく洗い、水けをふきとり、５㎜幅の輪切りにする。

3

容器にりんご、氷砂糖、黒糖、レモンを入れ、ブランデーを注ぐ。

4

１カ月後にレモンをとり出す。

アボカド酒

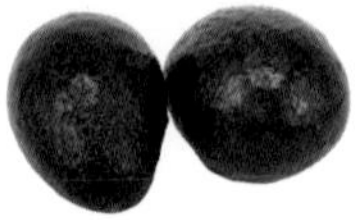

アボカドの果肉の約2割は脂肪成分のため、「森のバター」と呼ばれています。
アボカド酒のおすすめベースは香りがよいブランデー。
ハチミツを加えて、甘みとコクを加えました。

●おすすめの容器と材料

保存容器	1.4ℓ
アボカド	300g
ハチミツ	大さじ1
ブランデー	485mℓ

●DATA

［飲みごろ］ 2カ月後から

［コスト］ 安　**中**　高

［味］ ほんのりとした甘みと苦みがある

［アレンジする場合のおすすめのベース酒］
ホワイトリカー、泡盛

［効能］ 疲労回復・抗酸化作用・便秘解消・コレステロール低下・高血圧予防・美肌

素材の選び方・漬け込み時期

輸入品がほとんどで年じゅう入手でき、いつでも漬け込めます。かためのものが果実酒向きです。やわらかかったり、皮が浮いていたりするものは熟しすぎて液体が濁りやすいので避けましょう。

飲み方・味わい方

ブランデーがベースなので、ロックでゆっくりと味わいましょう。

MEMO　アボカドは、原産国（中央アメリカ）での旬は11月ですが、日本では旬以外でも大きく味が変わらないフルーツ。野菜と思われがちですが、立派な果実です。

作り方

1

アボカドはよく洗って、キッチンペーパーで水けをふきとる。縦半分に切る。

2

容器にアボカド（種ごと）、ハチミツを入れ、ブランデーを注ぐ。

3

熟成期間が長くなって、濁ってきたら、実を引き上げてキッチンペーパーでこしてもよい。

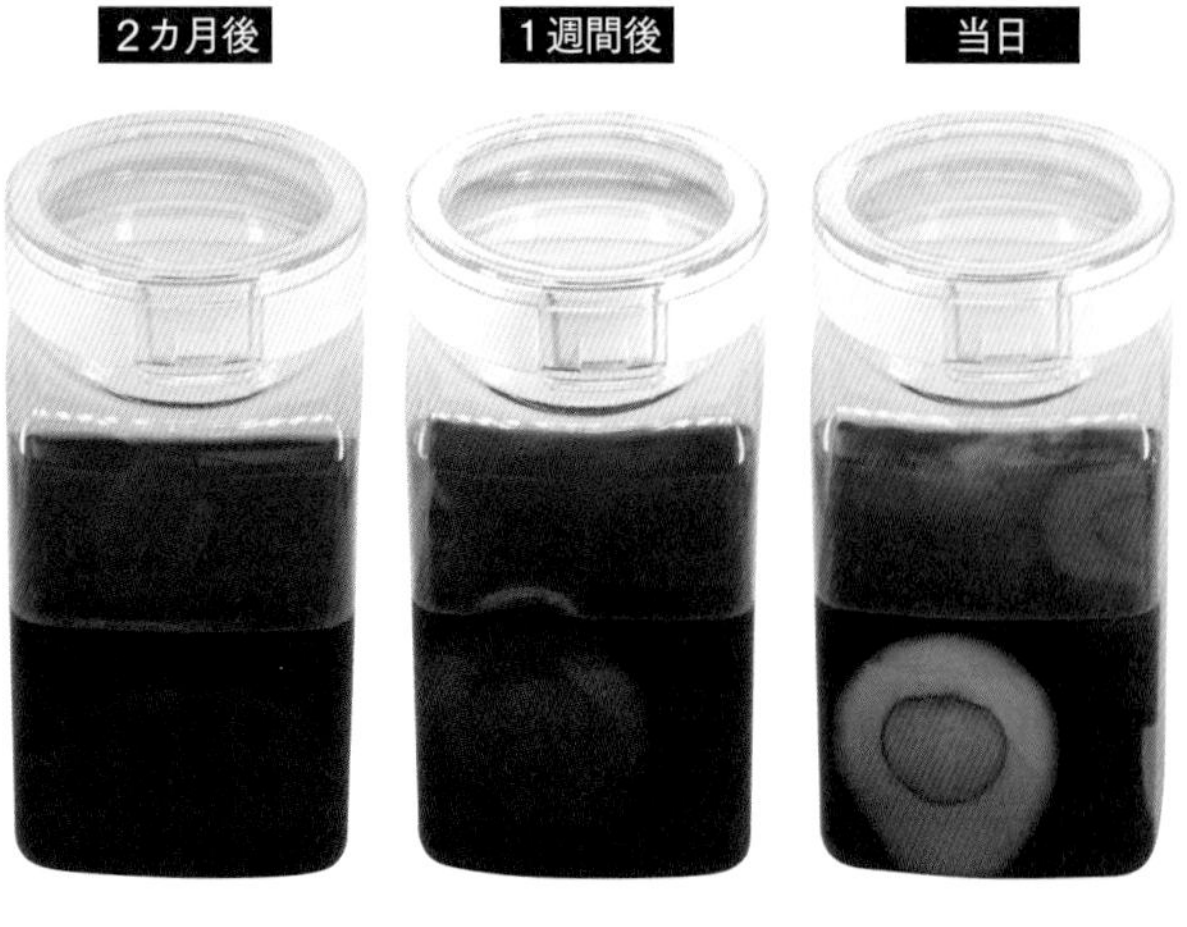

あんぽ柿酒

あんぽ柿は渋柿を硫黄で燻製、乾燥させたもので、中身はゼリーのようにトロリとしています。鮮やかなオレンジ色ですが、ホワイトリカーに漬け込むと琥珀色の液体になります。ジューシーな甘さにレモンの酸味を加えて味を引き締めました。

●おすすめの容器と材料

保存容器	800mℓ
あんぽ柿	100g（2個）
レモン（皮なし）	1切れ
ホワイトリカー	400mℓ

●DATA

［飲みごろ］ 2カ月後から
［コスト］ 安　中　高
［味］ 特有の甘みがある
［アレンジする場合のおすすめのベース酒］
ブランデー、ダークラム
［効能］ 風邪予防・生活習慣病予防・便秘解消・高血圧予防・美肌

素材の選び方・漬け込み時期

干し柿の一種なので季節を問わず漬け込めますが、12月になると秋にとれて、加工したものが店頭に並びます。全体的に濃いオレンジ色のものを選びましょう。

飲み方・味わい方

ロックでゆっくりと変化する甘みを楽しみましょう。寒い日はお湯割りにして、風邪予防に役立ててください。お湯割りに好みでしょうがやハチミツを加えても◎。

作り方

1
あんぽ柿は、底に十字に切れ目を入れる（成分を抽出しやすくするため）。

2
レモンは皮を包丁でむき、カットして、1切れにする。

3
容器にあんぽ柿、レモンを入れ、ホワイトリカーを注ぐ。

4
2カ月後にレモンを引き上げる。

MEMO　あんぽ柿は、柿や干し柿よりもカロリーが高いです。栄養価もたかいのですが、食べすぎに注意しましょう。

2カ月後　1週間後　当日

キウイフルーツ酒

中国が原産ですが、20世紀にニュージーランドに伝わり、特産品になりました。
疲労回復や美肌作りに役立つビタミンCが豊富です。
皮ごと漬け込むため、皮の栄養成分が抽出するうえ、味が引きしまります。

●おすすめの容器と材料

保存容器	1.4ℓ
キウイフルーツ	小４個(300ｇ)
氷砂糖	30ｇ
ホワイトリカー	470mℓ

●DATA

［飲みごろ］ ４カ月後から

［コスト］ 安　中　高

［味］ しっかりとした甘さと酸味がある

［アレンジする場合のおすすめのベース酒］ ジン、ウォッカ

［効能］ 不眠症改善・抗酸化作用・疲労回復・動脈硬化予防・便秘解消・リラックス効果・高血圧予防・美肌

素材の選び方・漬け込み時期

近年、国産キウイの栽培がふえ、11月～翌5月に多く出回ります。輸入品はその他の季節に出回っているので、通年お酒に漬け込むことが可能。雑味が出るのを防ぐため、完熟少し手前の、かためのものを選びましょう。

飲み方・味わい方

ロックか炭酸水割りで。

MEMO　ビタミンCとカリウムが豊富なため、動脈硬化や高血圧、風邪などの予防にもなります。

5カ月後　1週間後　当日

作り方

1

キウイフルーツはよく洗い、水けをふきとる。両端を切り落とし、縦８等分に切る。

2

容器にキウイフルーツ、氷砂糖を入れ、ホワイトリカーを注ぐ。

グレープフルーツ酒

グレープフルーツならではの、さわやかな酸味と香りが楽しめるお酒です。
黄色はほのかな苦みがあります。酸味が苦手な人は、甘みが強いルビー（果肉がピンクのもの）で作りましょう。黄色がかった赤色に美しく染まります。

素材の選び方・漬け込み時期

国内で流通しているもののほとんどはアメリカ産で、年じゅう入手可能。いつでも漬け込むことができます。丸く均整のとれた形で、持つとずっしりと重みを感じるものを選びましょう。

飲み方・味わい方

ロックがよく合いますが、アイスの無糖紅茶に加えてシトラスティーにするのもおすすめ。好みでシロップを加えても。

●おすすめの容器と材料

保存容器……1.4ℓ
グレープフルーツ（写真はルビーを使用）……300g（1個）
氷砂糖……30g
ホワイトリカー……470mℓ

●DATA

［飲みごろ］　2カ月後から
［コスト］　安　中　高
［味］　酸味がある
［アレンジする場合のおすすめのベース酒］　ジン
［効能］　疲労回復・脂肪燃焼効果・リラックス効果・不眠症改善・抗酸化作用・美肌

作り方

1
グレープフルーツはぬるま湯でよく洗い、キッチンペーパーで水けをふきとる。

2
両端を5㎜ほど切り落とし、丸みに沿って包丁で皮をむき、2㎝幅の輪切りにする。

3
容器にグレープフルーツ、氷砂糖を入れ、ホワイトリカーを注ぐ。

4
2カ月後にグレープフルーツをとり出す。ビニール手袋を装着し、果肉をしぼってこすとさらに果汁を楽しめる。

MEMO　グレープフルーツは抗ストレス作用と美白効果のあるビタミンCが豊富。食欲減退や中性脂肪の燃焼作用を持つ香り成分も含まれています。

2カ月後

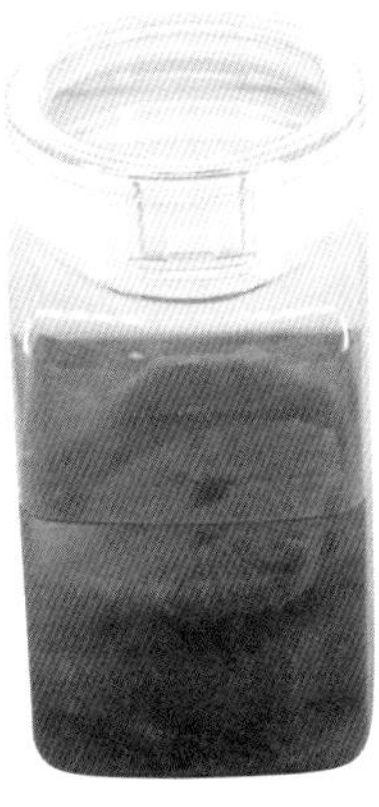

1週間後

当日

コーヒー酒

コーヒーはもともと果実。コーヒー酒も果実酒同様に酸味のある豆が適しています。
買ってきた豆をそのままお酒に漬け込んでも結構ですが、
焦がさないように軽くから煎りすると、コーヒー好きにはたまらない香ばしさが際立ちます。

●おすすめの容器と材料

保存容器	1ℓ
コーヒー豆	80ｇ
ホワイトリカー	720mℓ

●DATA

［飲みごろ］ 3カ月後から（熟成させるほどよい）

［コスト］ 安　中　高

［味］ ほのかに甘みがある

［アレンジする場合のおすすめのベース酒］ ウォッカ

［効能］ 疲労回復・リラックス効果・血糖値降下・抗酸化作用・美肌・覚醒作用・集中力向上

素材の選び方・漬け込み時期

コーヒー豆は酸味のあるタイプが果実酒向き。強い酸味を持つハワイの「コナコーヒー」のほか、キリマンジャロ、ブルーマウンテン、コロンビアなどがおすすめ。豆があればいつでも漬け込み可能です。

飲み方・味わい方

牛乳で割り、シロップ、シナモンパウダーを加えてカクテルにするのがおすすめ。バニラアイスにかけてアフォガードにすると食後のデザートとして楽しめます。

MEMO　コーヒー豆を挽いた粉でもコーヒー酒を作ることができます。粉を使う場合は煎らずにそのまま投入しましょう。

作り方

1

コーヒー豆はフライパンに入れ、強火にかけて軽く揺すりながら、焦がさないようにから煎りする。香りが立ったら火を止め、バットに移す。

2

あら熱がとれたら容器に入れ、ホワイトリカーを注ぐ。香りが逃げないように、1カ月はふたを開けないようにする。
※コーヒー豆を容器に入れるときは、ロウトを使用するとこぼれません。

ドライあんず酒

アプリコットの名前でもおなじみの、あんず。
果実酒にはあえて糖類を加えず、自然な甘みを生かします。
軽い甘みと香りのある無色透明のホワイトラムで、輝きのあるオレンジ色のお酒になりました。

●おすすめの容器と材料

保存容器	500mℓ
ドライあんず	100g
ホワイトラム	400mℓ

●DATA

［飲みごろ］ 2カ月後から
［コスト］ 安　中　高
［味］ 控えめな甘みの中にピリッとした辛みがある
［アレンジする場合のおすすめのベース酒］ ブランデー
［効能］ 咳止め・去痰・抗酸化作用・便秘解消・高血圧予防・冷え症改善・食欲増進・美肌

素材の選び方・漬け込み時期

果実酒には、砂糖や着色料、保存料などが添加されていないものを使いましょう。ドライでも鮮度は大事なので、賞味期限ができるだけ長いものを選んでください。

飲み方・味わい方

ストレートまたはロックがおすすめです。甘みがほしい人は、飲むときにハチミツを加えましょう。炭酸水割りも◎。

MEMO　あんずの種は杏仁（きょうにん）と呼ばれ、鎮咳や去痰などの漢方処理に使われています。ドライはリンや鉄分などのミネラル、ビタミンAなどが凝縮されています。

作り方

1
ドライあんずは半分に切る。

2
容器にドライあんずを入れ、ホワイトラムを注ぐ。

2カ月後　1週間後　当日

ドライいちじく酒

抽出の早いドライいちじくとテキーラを使うことで、漬け込んだ後1カ月で楽しむことができます。糖類なしでも甘みをしっかり感じることができます。40度くらいのテキーラがよく合います。お酒好きな人におすすめの果実酒。

●おすすめの容器と材料

保存容器	800mℓ
ドライいちじく	100g
テキーラ	400mℓ

●DATA

[飲みごろ]　1カ月後から
[コスト]　安　中　高
[味]　アルコールがきつく、強い甘みがある
[アレンジする場合のおすすめのベース酒]　ダークラム
[効能]　便秘解消・下痢予防・消化促進・抗酸化作用・高血圧予防・貧血予防・美肌

素材の選び方・漬け込み時期

無添加のものを選んでください。賞味期限を確認し、鮮度のよいものを使いましょう。いつでも漬け込み可能です。

飲み方・味わい方

ドライいちじくから水分が出ないためアルコール度数はさほど下がりません。キツめの果実酒なので、ロックで少しずつ味わいたい人に合います。

MEMO　いちじくはドライ加工によって、炭水化物やカルシウム、カリウムの量が大きくふえます。カロリーもアップするので、飲む量はほどほどに。

作り方

1
ドライいちじくは半分に切る。

2
容器にドライいちじくを入れ、テキーラを注ぐ。

1カ月後　1週間後　当日

ドライクランベリー酒

クランベリーはもともと糖度が低く、乾燥させても甘みはあまりありません。
ホワイトリカーに漬けるときは、甘みとコクをハチミツでプラスしましょう。
華やかな明るい赤色になり、目を楽しませてくれます。

おすすめの容器と材料

保存容器	500mℓ
ドライクランベリー	80g
レモン	1/3個
ハチミツ	大さじ1
ホワイトリカー	370mℓ

DATA

［飲みごろ］ 2カ月後から
［コスト］ 安　中　高
［味］ しっかりとした甘みと酸味がある
［アレンジする場合のおすすめのベース酒］ ブランデー、ダークラム
［効能］ 疲労回復・眼精疲労緩和・抗酸化作用・便秘解消・抗炎症作用・コレステロール低下・むくみ緩和・美肌

素材の選び方・漬け込み時期

オールシーズン漬け込み可能。ドライクランベリーは砂糖が使われているものが多いですが、着色料や保存料などが使われていないものを使いましょう。

飲み方・味わい方

アイスティーに加えると、さわやかな味わいに。ヨーグルトにかければ大人のデザートになります。ビールに入れ、フルーツビアにも。

MEMO　クランベリーに含まれる成分のプロアントシアニジンは、ピロリ菌が胃粘膜に付着したり、膀胱粘膜に細菌がついたりするのを防止する効果あり。胃潰瘍や膀胱炎予防につながります。

作り方

1
レモンは包丁で皮をむき、1cm幅の輪切りにする。

2
容器にドライクランベリー、レモン、ハチミツを入れ、ホワイトリカーを注ぐ。

3
1カ月後にレモンを引き上げる。

2カ月後　1週間後　当日

ドライプルーン酒

貧血予防に役立つ鉄分など、ミネラルがバランスよく含まれ、食物繊維も豊富なプルーン。
ドライ加工にするとこれらの数値は数倍になります。
お酒に漬ける際は糖類を加えずカロリー抑えめと、女性にうれしい点がいっぱいです。

●おすすめの容器と材料

保存容器	800mℓ
ドライプルーン	130ｇ
レモン	1/3個
ホワイトリカー	340mℓ

●DATA

［飲みごろ］　２カ月後から

［コスト］　安　中　高

［味］　バランスよく甘みと酸味がある

［アレンジする場合のおすすめのベース酒］
ブランデー、ホワイトラム

［効能］　貧血予防・抗酸化作用・抗菌作用・疲労回復・眼精疲労緩和・高血圧予防・便秘解消・美肌

素材の選び方・漬け込み時期

ドライプルーンの自然な甘みや色を果実酒に移したいので、砂糖や着色料などの添加物が使われていないものがよいでしょう。漬け込み時期はいつでもＯＫです。

飲み方・味わい方

ロックのほか、アイスティーに加えても。貧血ぎみならノンカフェインの紅茶にしてもよさそう。

作り方

1

レモンは包丁で皮をむき、１㎝幅の輪切りにする。

2

容器にドライプルーン、レモンを入れ、ホワイトリカーを注ぐ。

3

１カ月後にレモンを引き上げる。

MEMO　プラムを乾燥させたプルーンは、40代以上の女性が積極的にとりたい食材のひとつ。アンチエイジングにつながる抗酸化作用のほか、骨を強化する働きもあり、閉経後にみられる骨密度の低下防止に役立ちます。

２カ月後　　１週間後　　当日

ドライマンゴー酒

「マンゴー酒」(P.38)より、甘みと香りがいちだんと濃厚になります。
アルコール度数40度くらいのウイスキーと、
ほとんど水分がないドライマンゴーの組み合わせなら3日後に飲めるようになります。

素材の選び方・漬け込み時期

ドライマンゴーは一年じゅう手に入るのでいつでも漬けられます。無添加で賞味期限に余裕があるものを選びましょう。

飲み方・味わい方

ドライマンゴーの分量が60gの場合、ロック向き。炭酸水割りの場合は100gにして濃厚さを感じさせてもよいでしょう。グラスに、漬けていたドライマンゴーを加えれば見た目が華やかに。

●おすすめの容器と材料

保存容器	800mℓ
ドライマンゴー	60～100g
ウイスキー	440mℓ

●DATA

[飲みごろ] 3日後から
[コスト] 安　中　高
[味] 強い甘みがある
[アレンジする場合のおすすめのベース酒]
テキーラ
[効能] 夏バテ予防・貧血予防・血栓予防・高血圧予防・抗酸化作用・美肌

MEMO　ドライマンゴーを細切りにし、市販のウイスキーのボトルにそのまま入れてもOKです。

作り方

1
ドライマンゴーは5㎜幅の細切りにする。

2
容器にドライマンゴーを入れ、ウイスキーを注ぐ。

1カ月後　1週間後　当日

パイナップル酒

香り、甘み、酸味をバランスよく持ち合わせたパイナップルは、果実酒の中で最も果実酒向きのフルーツ。皮を入れることで渋みが出て、実の甘さと相まって味わい深くなります。お酒はウイスキーを使い、まろやかさを出しました。

●おすすめの容器と材料

保存容器……………………………1ℓ
パイナップル
………（正味）260g（皮があれば3～4かけ）
ウイスキー…………………………480mℓ

●DATA

［飲みごろ］　3週間後から
［コスト］　安　中　高
［味］　甘みと酸味がある
［アレンジする場合のおすすめのベース酒］
ブランデー、ジン、ウォッカ
［効能］　疲労回復・消化吸収促進・便秘解消・生活習慣病予防・美肌

素材の選び方・漬け込み時期

輸入パインは年じゅう流通しています。底の部分がつぶれておらず、葉が枯れていないものを選びましょう。さらに、皮が少しやわらかくなって、香りが立っているものを選べるといいです。

飲み方・味わい方

パイナップルの甘い香りを堪能するならロック。甘みがしっかりしているので、炭酸水割りにすると、お酒初心者の人でもおいしく飲めるはず。

MEMO　パイナップルにはブロメラインと呼ばれるたんぱく質分解酵素が含まれています。パイナップル酒を肉料理に加えると、ブロメラインの働きによって、肉がやわらかくなります。国産ものは4～7月に流通します。

作り方

1

パイナップルは皮を洗い、キッチンペーパーで水けをふきとり、一口大に切る。

2

容器にパイナップルを入れ、ウイスキーを注ぐ。

3週間後　　1週間後　　当日

バナナ酒

生のバナナは濃厚な甘みがありますが、果実酒にすると酸味の主張が強くなります。
独特の酸味をやわらげるため、熟成されたダークラムに
たっぷりの黒糖で甘みとコクを加えて味に奥行き感を与えています。

●おすすめの容器と材料

保存容器	1ℓ
バナナ	270g（約2本）
黒糖	100g
ダークラム	450mℓ

●DATA

［飲みごろ］ 2カ月後から
［コスト］ 安　中　高
［味］ バナナの甘みと酸味がある
［アレンジする場合のおすすめのベース酒］
ブランデー、テキーラ
［効能］ 疲労回復・むくみ緩和・便秘解消・高血圧予防・精神安定

素材の選び方・漬け込み時期

9割以上がフィリピン産で、通年安定して輸入されています。果実酒に使うものは、かたいものを選んでください。皮の色がやや緑がかっているくらいのものでもよいでしょう。

飲み方・味わい方

バナナ酒の甘い香りが、牛乳や豆乳と合います。ストレートやロックも◎。

MEMO　バナナにはカリウム、食物繊維、ポリフェノールに加えて、精神を安定させるセロトニンなどの栄養が豊富に含まれています。エネルギー補給に即効性があるため、マラソンなどのハードなスポーツをする人たちにも好まれます。

作り方

1
バナナは皮をむき、2㎝幅の輪切りにする。

2
容器にバナナ、黒糖を入れ、ダークラムを注ぐ。

4カ月後　1週間後　当日

干し柿酒

干し柿は渋柿を干したもの。渋柿は甘柿の3～4倍の糖度があり、
干すことで渋みが抜けてさらに甘く感じるようになります。
ホワイトリカーには糖類を入れず、自然の甘みを生かしています。

●おすすめの容器と材料

保存容器	800mℓ
干し柿	140ｇ
ホワイトリカー	360mℓ

●DATA

[飲みごろ]　2カ月後から
[コスト]　安　中　高
[味]　深い甘みがある
[アレンジする場合のおすすめのベース酒]
ブランデー、ダークラム酒
[効能]　風邪予防・生活習慣病予防・便秘解消・高血圧予防・美肌

素材の選び方・漬け込み時期

表面にしわがなく、白い粉(糖分の結晶)が全体的にしっかりついているものは甘い証拠です。そんな質のよい干し柿が手に入ったときが漬けどきです。

飲み方・味わい方

甘みがしっかりしているので、お湯割りや炭酸水割りにしても。

作り方

1

干し柿は縦半分に切る。

2

容器に干し柿を入れ、ホワイトリカーを注ぐ。

MEMO　平安時代から干し柿は存在していました。律令の「延喜式」に祭礼用の菓子として利用されていたことが記載されています。

ライム酒

カクテルでおなじみのフルーツといえば、ライム。
柑橘と相性のよいジンに漬け込んで、カクテル感覚の果実酒にしました。
シャープですっきりとした香りで、暑い季節に飲みたくなるお酒です。

素材の選び方・漬け込み時期

レモンより酸味はおだやかですが、香りが強いことが特徴です。ライムはしっかりした香りのするものを選びましょう。国産ライムは10～11月に出回りますが、輸入ライムなら通年店頭に並んでいるので、いつでも漬け込むことができます。

飲み方・味わい方

ビール(または発泡酒)で割ってライムビアにすると、食中酒として楽しめます。なお、ライムビアは、基本的に氷は入れずに味わいます。

おすすめの容器と材料

保存容器	1.4ℓ
ライム	270g(およそ4個)
ライムの皮	10g(1.5個分)
氷砂糖	30g
ジン	500mℓ

DATA

［飲みごろ］ 1カ月後から
［コスト］ 安　中　高
［味］ ほのかに甘く、酸味もある
［アレンジする場合のおすすめのベース酒］
テキーラ、ウォッカ、ホワイトリカー
［効能］ 疲労回復・風邪予防・美肌・血糖値降下・リフレッシュ効果

MEMO　ライムは完熟すると黄色くなりますが、酸味が抜けてしまうので緑色のまま収穫されています。

作り方

1
ライムはよく洗って包丁で皮をむき、横半分に切る。皮はわたをできるだけそぎ落とす。

2
容器にライム、ライムの皮、氷砂糖を入れ、ジンを注ぐ。

3
2週間後に皮を、2カ月にライムをとり出す。

2カ月後　1週間後　当日

冷凍ミックスベリー酒

ベリー類は、冷凍することで組織が壊れやすくなり、エキスが早く浸出します。
洗ったり解凍したりせず、凍ったまま漬け込むのがポイントです。
漬け込んだ約2～3時間後から飲めるので、急な来客のときなどに便利。

●おすすめの容器と材料

保存容器……1ℓ
冷凍ミックスベリー(ラズベリー、ブラックベリー、サワーチェリー、いちご)……300g
日本酒(アルコール度数20度以上)……500mℓ

●DATA

[飲みごろ] 当日から
[コスト] 安　中　高
[味] ほのかに甘みがある
[アレンジする場合のおすすめのベース酒]
焼酎(20～25度)
[効能] 疲労回復・眼精疲労緩和・抗酸化作用・高血圧予防・エネルギー補給・ストレス緩和・美肌

素材の選び方・漬け込み時期

コンビニやスーパーでいつでも入手可能。ベリー類は果実酒にすると味が薄くなるので、味が濃いものを使うのがベスト。

飲み方・味わい方

天然の甘みを生かして甘さは控えめにしているので、炭酸水やお湯割りよりロックが合います。長期保存には向かないので2カ月を目安に早めに飲みきりましょう。冷蔵庫保存もOKです。

MEMO　とり出したベリーは、小松菜や氷、水といっしょにミキサーにかければ、カクテルスムージーになります。ほかにも砂糖、水と煮てミックスベリージャムにしても。

作り方

1

容器に、解凍せずにそのまま冷凍ミックスベリーを入れ、日本酒を注ぐ。

1カ月後　1週間後　当日

冷凍ライチ酒

楊貴妃がこよなく愛した果実として有名なライチ。
果肉だけをお酒に漬けると甘みが強いので、皮を少量加えることで味を引き締めました。
色は上品なルビーレッドで、美しいお酒に仕上がります。

●おすすめの容器と材料

保存容器	1ℓ
冷凍ライチ	300g
冷凍ライチの皮	20g
ウォッカ	500mℓ

●DATA

［飲みごろ］ 2カ月後から
［コスト］ 安　中　高
［味］ 甘みがある
［アレンジする場合のおすすめのベース酒］
テキーラ、ホワイトリカー
［効能］ 新陳代謝促進・貧血予防・精神安定・抗酸化作用・動脈硬化予防・不眠症改善

素材の選び方・漬け込み時期

生のものはほとんど流通していません。冷凍なら、年じゅう購入することができます。皮が鮮やかな赤色をしていて、黒ずみがないものを選んで漬けましょう。

飲み方・味わい方

ストレートやロックで南国フルーツを楽しみましょう。

MEMO　ライチは未成熟なフルーツのため、飲みすぎると、吹き出物やにきびができたり、鼻血が出たりすることもあります。甘くて飲みやすい分、飲む量に注意しましょう。

作り方

1
冷凍ライチは自然解凍し、皮の表面にアルコールをかけて、キッチンペーパーでふきとる。

2
ライチの皮をむき、実と皮に分ける。

3
容器にライチの実、皮を入れ、ウォッカを注ぐ。

2カ月後　1週間後　当日

レモン巣蜜酒

巣蜜（すみつ）とは、蜂の巣ごと、食べられるハチミツのこと。
「コムハニー」とも言います。強い甘みがあり、レモンの酸味と合わせたお酒は、
甘さも酸味も濃厚な味わいに。ベース酒には、柑橘と相性抜群のジンがおすすめです。

●おすすめの容器と材料

保存容器	1.4ℓ
レモン	大2.5個（200g）
巣蜜	65g
ジン	650mℓ

●DATA

［飲みごろ］　3週間後から

［コスト］　安　中　高

［味］　甘みと酸味がある

［アレンジする場合のおすすめのベース酒］
テキーラ、ホワイトリカー

［効能］　疲労回復・抗酸化作用・抗菌作用・高血圧予防・老廃物排出促進・美肌

素材の選び方・漬け込み時期

国産レモンの旬は10～12月ですが、輸入レモンは年じゅう入手可能です。ツヤとハリがあって、色ムラがないものを選びます。

飲み方・味わい方

炭酸水割りにすると夏の暑い時期は爽快で、夏バテ予防にも役立ちます。オリーブ油と混ぜてさっぱりとしたドレッシング、チキンソテーなど、料理にも使えて便利。

MEMO　巣蜜は通常のハチミツより鮮度、味、栄養価ともに上質とされています。強い殺菌作用あり、風邪の予防などに役立つといわれています。

3週間後　　1週間後　　当日

作り方

1

巣蜜は適当な大きさに切る。

2

レモンはよく洗い、キッチンペーパーで水けをふきとり、5㎜幅の輪切りにする。

3

容器に巣蜜、レモンを入れ、ジンを注ぐ。

4

1カ月以内にレモンをとり出す。とり出すのを忘れると、苦みが出るので要注意。

※グリーンレモン酒はP.49を参照

フルーツミックス酒

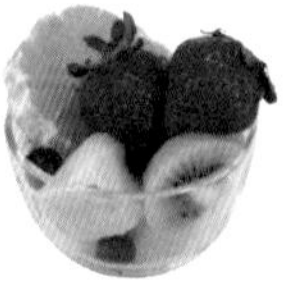

スーパーやコンビニで買えるカットフルーツで手軽に作れます。
カラフルで、作った当日から飲めるので、ホームパーティ向き。
近年では結婚披露宴の演出として作られることもふえています。

素材の選び方・漬け込み時期

あり合わせの果実で作れますが、完熟手前のやや固めのフルーツで作りましょう。完熟したものは雑味が出てしまいます。今回は果実を350g使用しましたが、200g程度でも可能です。

飲み方・味わい方

ロック、炭酸水割りはもちろんのこと、無糖の紅茶で割っても。複数のフルーツから出たエキスを味わいましょう。

●おすすめの容器と材料

保存容器……1.4ℓ
好みのフルーツ数種類……350g
※今回はいちご(正味)80g、パイナップル100g、キウイ(正味)50g、オレンジ(皮つき)100g、ブルーベリー20gを使用
ウイスキー……450mℓ

●DATA

[飲みごろ]　当日から
[コスト]　安　中　高
[味]　甘くてフルーティ
[アレンジする場合のおすすめのベース酒]
ブランデー、ウォッカ
[効能]　疲労回復・眼精疲労緩和・精神安定・抗酸化作用・美肌

MEMO　フルーツの旬をそろえると、まとまりのある味になります。マンゴーやパパイヤ、プラムなどは、味が濃厚なため、量を控えめにするのがおすすめです。

作り方

1
容器にカットフルーツを入れ、ウイスキーを注ぐ。

2
柑橘類を入れた場合には、材料の引き上げを忘れないようにしましょう。皮つきレモンは最長1カ月、皮なしレモンは最長2カ月です。その他も最長で3カ月なので注意してください。

1カ月後　1週間後　当日

Column

果実の栄養について

日本人は、６月になると梅酒や梅干しを漬けたり、みかんやゆずの皮を天日干しして保存したりと、古くから果実を長期保存することを習慣としてきました。今から50年ぐらい前までは多くの家庭に手作りの梅干しや梅酒の入ったびんがあったものですが、現代のような忙しい生活を送っているとフルーツをうっかり摂り忘れてしまいがちです。農林水産省では「毎日くだもの200グラム運動」という、日本人が１日に200ｇの果実を摂ることを推奨しています。

果実にはさまざまなビタミンをはじめ、ミネラル、食物繊維など、健康をキープするための栄養素がたっぷり含まれています。たとえば、みかんにはビタミンＣやビタミンＥ、カリウム、食物繊維などが含まれていることから、冬は１日に２個程度(200ｇ)を摂取することがすすめられています。

また、果実は甘いからといって高カロリーというわけではありません。果実の甘さを強く感じるのは、果糖によるもの。果糖は砂糖の1.15倍～1.73倍の甘さを感じますが、エネルギー量は１ｇ当たり４㎉と、他の糖と変わりません。果実は脂質をほとんど含まないため、100ｇ当たりのエネルギー量は50㎉程度。これは、同じ重さのショートケーキの15％程度に相当します。果実酒を漬け込むときには、果実の糖度が高い場合には氷砂糖の量を少し控えめにし、実際に飲むときにシロップやハチミツで調整してもいいでしょう。

※いちごやメロン、すいかは茎やつるに実がなるので、農林水産省の分類では野菜となりますが、実際には果実として扱われていることが多いため、この本では果実として紹介しています。

第2章

野菜酒

青じそ酒

古くから薬効があると重宝されている薬味野菜。
β-カロテンとカルシウムの含有量は野菜の中でダントツ。ビタミン類やミネラル類も豊富です。
漬け込んだお酒はさわやかな香りがしてリラックス効果を発揮します。

素材の選び方・漬け込み時期

年じゅう入手できますが、6～10月ごろが旬です。濃い緑色をして、みずみずしいものを使いましょう。変色が見られるものは避けて。

飲み方・味わい方

青じそ&レモンのさわやかさは、ビールの苦みが好相性。ウイスキー、炭酸水とブレンドしてハイボールにするのもおすすめ。

●おすすめの容器と材料

保存容器……………………………………1.4ℓ
青じそ………25g（約50枚）～50g（約100枚）
レモン…………………………………………1個
氷砂糖………………………………………30g
ホワイトリカー……………………………645mℓ

●DATA

［飲みごろ］ 4カ月後から
［コスト］ 安　中　高
［味］ さわやかでやや甘みがある
［アレンジする場合のおすすめのベース酒］
ジン
［効能］ 解熱作用・抗菌作用・防腐作用・抗酸化作用・美肌・神経鎮静作用

MEMO　とり出した青じそは細かく刻んで鶏つくねやギョーザ、薬味だれに混ぜ込んで、下味や風味づけに。

作り方

1

ボウルにたっぷりの水を張って青じそをよく洗い、水けをしっかりきる（干し網を使うとよく水けがきれる）。

2

レモンは皮をむき、わたをできるだけそぎとり、1㎝幅の輪切りにする。

3

容器に青じそ、レモン、氷砂糖を入れ、ホワイトリカーを注ぐ。

4

1カ月後にレモン、4カ月後に青じそをとり出す。

青唐辛子酒

青唐辛子の辛みのもとはカプサイシン。体を温める作用など
さまざまな栄養機能を持つ成分です。青唐辛子酒には辛みエキスが凝縮されるため、
ホワイトリカーをつぎ足していくと長く味わうことができます。

●おすすめの容器と材料

保存容器……1ℓ
青唐辛子……150g
ホワイトリカー……650mℓ

●DATA

［飲みごろ］3日後から
（辛みの強いものは3日後から）
［コスト］安　中　高
［味］強い辛みがある
［アレンジする場合のおすすめのベース酒］
ウォッカ、ジン
［効能］血行促進・コレステロール低下・食欲増進・美肌・抗酸化作用・疲労回復・むくみ緩和

素材の選び方・漬け込み時期

国産品は7~9月に出回ります。新鮮なものはハリとツヤがあり、色が鮮やか。辛みの強いものを選びましょう。

飲み方・味わい方

漬け込んで3日目から辛み調味料として活躍。とくにエスニック風の炒め物やスープの隠し味におすすめ。パスタなどのめん類にかけても。辛みが強いので、飲むならビールや果実酒に数適入れる程度。

MEMO　青唐辛子を収穫せずに完熟させると、赤唐辛子になります。未熟な青唐辛子にはビタミンCやカロテンが豊富に含まれています。

作り方

1
青唐辛子をよく洗い、キッチンペーパーで水けふきとる。

2
容器に青唐辛子を入れ、ホワイトリカーを注ぐ。

1カ月後　1週間後　当日

赤じそ梅酒

ツヤのある赤色が美しい赤じそ酒は、熟成するほど味わいが深まります。
赤じそと青梅、どちらも香りの高い素材を組み合わせた、
相乗効果を楽しんでください。

●おすすめの容器と材料

保存容器	1.4ℓ
赤じそ	200g（およそ2/3袋）
青梅	3個（およそ70g）
氷砂糖	70g
ハチミツ	大さじ1
ホワイトリカー	600mℓ

●DATA

［飲みごろ］ 3カ月後から
［コスト］ 安　中　高
［味］ 強い甘みがある
［アレンジする場合のおすすめのベース酒］
ウォッカ、ジン
［効能］ 解熱作用・抗菌作用・防腐作用・抗酸化作用・美肌・神経鎮静作用

素材の選び方・漬け込み時期

赤じそは6～8月ごろに出回り、6月は流通量がいちばん多い月。葉がちぢれたものがよく、みずみずしさがあるものを使いましょう。

飲み方・味わい方

水割りや炭酸水割りで、赤じその香りと色を楽しみましょう。ウイスキー、炭酸水と合わせてハイボールにしても。

作り方

1
赤じそは葉を摘み、水を張ったボウルの中で1枚ずつ洗い、キッチンペーパーで水けをふきとる。

2
赤じそを3日ほど天日干しして乾燥させる（乾燥後の分量は20g）。

3
青梅はよく洗ってキッチンペーパーで水けをふきとり、へたの部分を竹串でとり除く。

4
容器に青梅、赤じそ、氷砂糖、ハチミツを入れ、ホワイトリカーを注ぐ。

5
3カ月後に赤じそをとり出す。

MEMO　赤じその赤い色はアントシアニン系色素のシソニン。シソニンは強い抗酸化力を持ち、ストレスなどによる生活習慣病の元凶となる活性酸素除去に強力に働きます。

3カ月後　1週間後　当日

赤じそレモン酒

ツヤのある赤色が美しい赤じそ酒は、熟成するほど味わいが深まります。
レモンの酸味ですっきりとした後口と、
香りの高い赤じそを組み合わせた相乗効果を楽しんでください。

素材の選び方・漬け込み時期

赤じそは6〜8月ごろに出回り、6月は流通量がいちばん多い月。葉がちぢれたものがよく、みずみずしさがあるものを使いましょう。

飲み方・味わい方

「赤じそレモン酒」「赤じそ梅酒」ともに、水割りや炭酸水割りで、赤じその香りと色を楽しみましょう。ウイスキー、炭酸水と合わせてハイボールにしても。

●おすすめの容器と材料

保存容器	1.4ℓ
赤じそ	200g（およそ2/3袋）
氷砂糖	70g
ハチミツ	大さじ1
レモン	1/2個
ホワイトリカー	630㎖

●DATA

［飲みごろ］ 3カ月後から
［コスト］ 安　中　高
［味］ 甘みの中に酸味がある
［アレンジする場合のおすすめのベース酒］ ウォッカ
［効能］ 解熱作用・抗菌作用・防腐作用・抗酸化作用・美肌・神経鎮静作用

MEMO 「赤じそ梅酒」と同様、乾燥させてから漬け込むので濃厚に仕上がり、熟成させるほど深い味わいに。

作り方

1
赤じそは葉を摘み、水を張ったボウルの中で1枚ずつ洗い、キッチンペーパーで水けをふきとる。

2
赤じそを3日ほど天日干しして乾燥させる（乾燥後の分量は20g）。

3
レモンはよく洗い、キッチンペーパーで水けをふきとり、5㎜幅の薄切りにする。

4
容器に赤じそ、レモン、氷砂糖、ハチミツを入れ、ホワイトリカーを注ぐ。

5
3週間後にレモン、3カ月後に赤じそをとり出す。

3カ月後　1週間後　当日

あしたば酒

あしたばはβ-カロテンが豊富。
生は緑色ですが、お酒に漬けると黒みがかった深い紫色に。
粘り成分には、強い抗酸化作用があるカルコンというフラボノイドが含まれています。

●おすすめの容器と材料

保存容器	1.4ℓ
あしたば	120g
ホワイトリカー	680mℓ

●DATA

[飲みごろ] 1カ月後から
[コスト] 安　中　高
[味] わずかに苦みがある
[アレンジする場合のおすすめのベース酒] ウォッカ、ブランデー
[効能] 抗酸化作用・むくみ緩和・貧血予防・花粉症予防・抗炎症作用・不眠緩和・更年期障害の緩和

素材の選び方・漬け込み時期

旬は2～5月。茎が細かく、葉がみずみずしくハリのあるものを選んで漬け込みましょう。

飲み方・味わい方

甘みがないので「パイナップル酒」（P82）など甘い果実酒や、アセロラなどのフルーツジュースとミックスさせるとおいしく飲めます。ロックや水割りも◎。

MEMO　あしたばは「今日若葉を積んでも、明日にはまた新芽が伸びてくる」と言われるほど、生命力が強いのが特徴。江戸時代より薬草として利用されています。

作り方

1
ボウルに水を張って、あしたばを洗い、キッチンペーパーで水けをふきとり、容器に入る長さに切る。

2
容器にあしたばを入れ、ホワイトリカーを注ぐ。

3
2週間後にあしたばをとり出す。

1カ月後　1週間後　当日

アロエ酒

アロエは「医者いらず」と言われ、やけどやにきびの塗り薬として使われてきました。
皮から出る苦み成分は、殺菌作用や整腸作用があるといわれ、
アロエ酒は薬用としての働きも期待されています。

●おすすめの容器と材料

保存容器……………………………1.4ℓ
アロエ(アロエベラ)…… 150～300g
ホワイトリカー…………………650mℓ

●DATA

[飲みごろ] 5カ月後から
[コスト] 安　中　高
[味] 苦みがある
[アレンジする場合のおすすめのベース酒]
ブランデー、ウイスキー
[効能] 便秘解消・冷え症緩和・風邪予防・美肌・皮膚の修復・口内炎緩和

素材の選び方・漬け込み時期

食用として栽培されているアロエベラは6～11月が旬。濃い緑色をして、厚みがあり、さわると弾力があるものを使いましょう。

飲み方・味わい方

薬酒としてなら、ストレートで20mℓ程度を飲みましょう。ジンジャーエール割りにするとシャープな味わいを楽しめます。苦みが気になる人はフルーツジュース割りにしたり、ハチミツを加えたりすると飲みやすくなります。

MEMO アロエはハチミツ漬けや、冷やしてしょうゆをつけて刺身として食べる方法もあります。

5カ月後　1週間後　当日

作り方

1

アロエはとげに注意しながらよく洗い、キッチンペーパーで水けをふきとり、容器に入る大きさに切る。

2

容器にアロエを入れ、ホワイトリカーを注ぐ。

ゴーヤー酒

ゴーヤー特有の苦みに、パイナップルとハチミツで甘みをプラス。
ゴーヤーの苦みのもととなるモモルデシンという成分は、胃腸を刺激して食欲を増進。
疲労回復効果のあるビタミンCも豊富。夏バテを吹き飛ばす一杯に。

●おすすめの容器と材料

保存容器	800mℓ
ゴーヤー	200g（中1本）
パイナップル（カット）	70g
ハチミツ	大さじ1
ホワイトリカー	500mℓ

●DATA

［飲みごろ］ 2カ月後から
［コスト］ 安　中　高
［味］ 強い苦みに、やさしい甘みがある
［アレンジする場合のおすすめのベース酒］
泡盛、ウォッカ
［効能］ 食欲増進・夏バテ防止・疲労回復・解毒作用・利尿作用・美肌

素材の選び方・漬け込み時期

旬は7~8月。太めでいぼにツヤがあり、傷がないもの。濃く鮮やかな緑色で、過熟しておらず、種子は赤くないものがおすすめです。

飲み方・味わい方

炭酸水割りと合います。苦みが気になる人は、飲むときにシロップなどお好みの甘味料を加えてください。グレープフルーツジュース割りも◎。

MEMO　ゴーヤーはわたも食べることができます。果皮には1.7倍のビタミンC含有量があるため、料理する際もぜひわたを使って。

作り方

1

ゴーヤーはよく洗い、キッチンペーパーで水けをふきとり、種やわたがついたまま7～8㎜幅の輪切りにする。

2

容器にゴーヤー、パイナップル、ハチミツを入れ、ホワイトリカーを注ぐ。

コリアンダー酒

コリアンダー(パクチー)特有の、エキゾチックな強い芳香を楽しむのが醍醐味のお酒です。
根元は葉より香りが強いので。根元ごと漬け込みましょう。
熟成させると、深い赤みのある紫色に変化します。

●おすすめの容器と材料

保存容器……………………………1ℓ
コリアンダー……………………100g
ホワイトリカー…………………700mℓ

●DATA

[飲みごろ] 1カ月後から
[コスト] 安　中　高（安に丸）
[味] かすかな苦みがある
[アレンジする場合のおすすめのベース酒]
ホワイトラム、ウォッカ
[効能] 血行促進・発汗作用・食欲増進・精神安定・消化促進・美肌

素材の選び方・漬け込み時期

旬は3~6月。葉にハリがあり、香りが強いものを選びましょう。

飲み方・味わい方

炭酸水で割ってライムのしぼり汁を加えれば、真夏の暑い日にぴったり。「ライム酒」(P.85)とブレンドしてもよいでしょう。エスニック料理の風味づけに少量加えれば、たちまち本格味になります。

MEMO　コリアンダーは英語名。タイ語ではパクチー、中国語では香菜(シャンツァイ)と、場所によって名が変わります。体を温めて消化を促し、発汗させる作用があります。

作り方

1

ボウルに水を張り、コリアンダーの根元をブラシでこすり洗いする。キッチンペーパーで水けをふきとり、容器に入る長さに切る。

2

容器にコリアンダーを入れ、ホワイトリカーを注ぐ。

3

2週間後にコリアンダーをとり出す。

1カ月後　1週間後　当日

しょうが酒

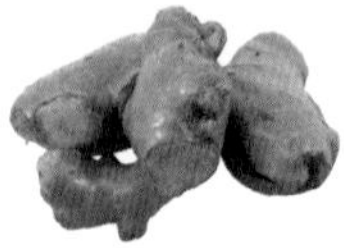

しょうがは体を温め、腸の働きを高める作用があります。
ホットのしょうが酒で冷えの緩和や風邪予防に役立ててください。
熟成するとしょうがの辛みは落ち着き、ハチミツの甘さもあり、飲みやすいお酒です。

●おすすめの容器と材料

保存容器……………………………1ℓ
しょうが……………………………220g
ハチミツ……………………………大さじ2
ホワイトリカー……………………550㎖
※辛みの少ない新しょうがでも同量で作れます。

●DATA

［飲みごろ］ 2カ月後から
［コスト］ 安　中　高
［味］ 甘みがある
［アレンジする場合のおすすめのベース酒］
ウォッカ、ブランデー
［効能］ 冷え症緩和・解熱作用・抗菌作用・消臭作用・抗炎症作用・鎮痛作用・風邪予防

素材の選び方・漬け込み時期

黄色の根しょうがは、年じゅう入手可能で、いつでも漬けられます。国産、中国産と産地はさまざま。白い新しょうがの旬は6〜8月です。

飲み方・味わい方

意外にもホットミルク割り、ジンジャーエール割りが合います。また、肉や魚のくさみ消しや煮物の風味づけなど、料理酒としても万能です。

作り方

1
しょうがはたわしでこすって洗い、キッチンペーパーで水けをふきとる。

2
皮つきのまましょうがを5㎜幅の薄切りにする。

3
容器にしょうが、ハチミツを入れ、ホワイトリカーを注ぐ。

MEMO　しょうがの辛み成分はジンゲロンとしょうがオール。ジンゲロンは体を温め、風邪のひき始めや冷え症対策に有効。しょうがオールは強い抗菌、消臭作用があります。

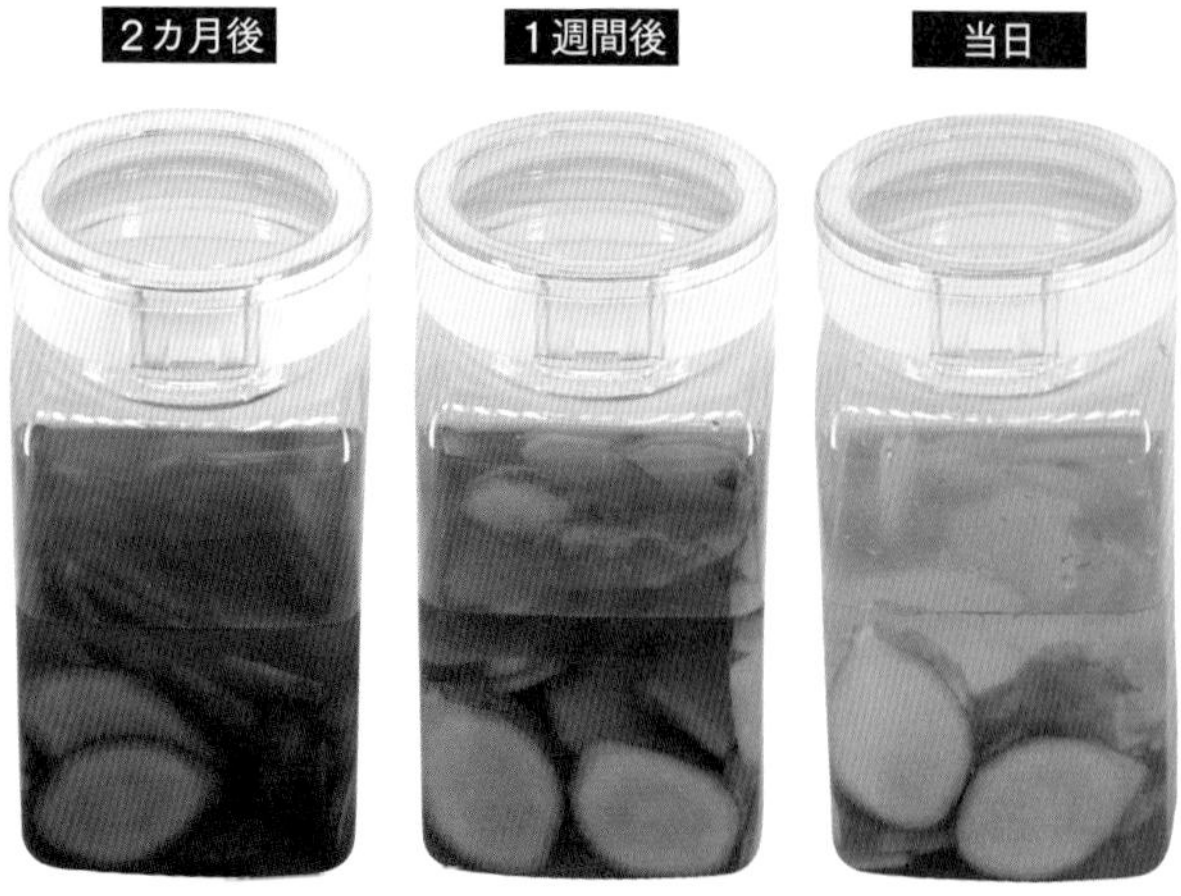

セロリ酒

セロリの香りには神経鎮静作用があり、イライラ解消や不眠病改善、不安や緊張の軽減に役立ちます。葉には茎の2倍のβ-カロテンが含まれています。
お酒には、茎に対して、葉は2割ほどの量を加えましょう。

素材の選び方・漬け込み時期

年じゅう入手できますが、比較的多く出回るのは3～5月。葉が濃い緑色で、ツヤとハリがあるのを使います。筋がでこぼこしているほうが、より新鮮です。

飲み方・味わい方

セロリのさわやかな香りが柑橘系の飲みものと相性抜群。グレープフルーツジュースなどと合わせたり、「レモン巣蜜酒」(P.88)などの果実酒とブレンドしましょう。

●おすすめの容器と材料

保存容器	1.0ℓ
セロリ	250g
セロリの葉	50g
レモン	1/2個
ホワイトリカー	500mℓ

●DATA

[飲みごろ] 2カ月後から
[コスト] 安　中　高
[味] ほのかに酸味がある
[アレンジする場合のおすすめのベース酒]
ウォッカ
[効能] 疲労回復・食欲増進・滋養強壮・不眠症改善・貧血予防・美肌・精神安定

MEMO　セロリはカリウムが豊富。神経や筋肉の機能を正常に保ち、細胞内外のミネラルバランスを維持する働きがあるといわれています。

3カ月後　1週間後　当日

作り方

1
セロリはよく洗い、水けをしっかりきり、茎、葉ともに5㎝長さに切る。

2
レモンはよく洗い、キッチンペーパーで水けをふきとり、5㎜幅の輪切りにする。

3
容器にセロリの茎、葉、レモンを入れ、ホワイトリカーを注ぐ。

4
1カ月以内にレモン、3カ月以内にセロリの茎と葉をとり出す。

大根の葉酒（乾燥）

捨ててしまいがちな大根の葉ですが、鉄分やビタミン、
カリウムなど捨てるにはもったいないほど栄養価が豊富です。
乾燥したものなら、水分が少ない分、漬け込み酒が早く仕上がります。

●おすすめの容器と材料

保存容器	800ℓ
大根の葉（乾燥）	35g
レモン	1/2個
ハチミツ	大さじ1
ホワイトリカー	385mℓ

●DATA

［飲みごろ］　2カ月後から
［コスト］　安　中　高
［味］　かすかに甘みがある
［アレンジする場合のおすすめのベース酒］
ブランデー
［効能］　抗酸化作用・疲労回復・貧血予防・高血圧予防・むくみ緩和・美肌・風邪予防・眼精疲労緩和

素材の選び方・漬け込み時期

乾燥の大根葉は、近年スーパーなどで市販されています。家庭で作る場合は葉にハリのある新鮮な大根で作ってください。11月～翌3月に出回る葉つき大根がおすすめです。

飲み方・味わい方

薬酒として、常温で少量をストレートで飲むのがおすすめ。

作り方

1
家庭で干した大根の葉の場合は、ホワイトリカー適量（分量外）に軽く浸し、ほこりを洗い流す。

2
容器に大根の葉、レモン、ハチミツを入れ、ホワイトリカーを注ぐ。市販のものはそのまま漬け込んでよい。

3
2カ月後に大根の葉をとり出し、ビニール手袋を装着して大根の葉の水けをしぼり、エキスを出して、こす。

2カ月後　1週間後　当日

たまねぎ酒

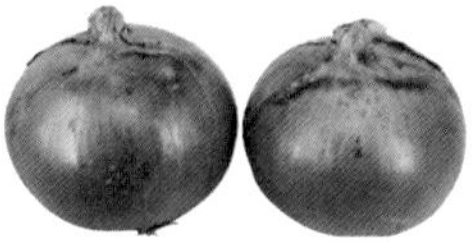

野菜酒に向いているのは、黄たまねぎに代表される辛たまねぎ。
水分が少なくて刺激臭が強めなので、保存性がアップします。
料理酒として使いやすいように、肉料理と相性のよい赤ワインを加えます。

素材の選び方・漬け込み時期

年じゅう入手可能です。おもな生産地でもある北海道産は9月~翌3月がおいしい時期。黄玉ねぎは皮が乾燥してツヤがあり、持ったときにずしりと重みのあるものを選びましょう。

飲み方・味わい方

においが強烈ですが、意外にもまろやかな口当たり。飲む場合は薬用として常温のストレートで一口程度がおすすめ。肉の煮込み料理に加えるとうまみがアップ。

●おすすめの容器と材料

保存容器	1.4ℓ
たまねぎ	250g（およそ大1個）
赤ワイン	250mℓ
ホワイトリカー	300mℓ

●DATA

［飲みごろ］ 1カ月後から
［コスト］ 安　中　高
［味］ やや酸味がある
［アレンジする場合のおすすめのベース酒］
ブランデー
（550mℓ使用し、赤ワインは不要）
［効能］ 疲労回復・浄血作用・消化促進・抗酸化作用・不眠症改善・高血圧予防・美肌

MEMO 漢方の考え方では、たまねぎには胃腸を温めて、体内にエネルギーをめぐらせる「気」の働きを高め、消化を促進させるとされています。

作り方

1
たまねぎは皮をむき、縦半分に切ってから横に5mm幅の薄切りにする。

2
容器にたまねぎを入れ、赤ワイン、ホワイトリカーを注ぐ。

3
2週間後にたまねぎをとり出す。

1カ月後　1週間後　当日

トマト酒

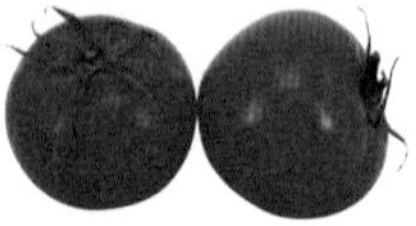

ヨーロッパでは「トマトが赤くなると医者が青くなる」ということわざがあるほど、
トマトは強い抗酸化作用や免疫機能を高める効果があります。
漬け込み酒にはミックスペッパーを入れて風味をプラスします。

●おすすめの容器と材料

保存容器	1.4ℓ
トマト	300g（中2個）
レモン	1個
ミックスペッパー	小さじ1
ホワイトリカー	450mℓ

●DATA

［飲みごろ］　1カ月後から
［コスト］　安　中　高
［味］　酸味がある
［アレンジする場合のおすすめのベース酒］
ブランデー
［効能］　疲労回復・抗酸化作用・生活習慣病予防・コレステロール低下・風邪予防・美肌

素材の選び方・漬け込み時期

とくにおいしい時期は6～9月。皮は濃い茶色でハリがあり、へたが枯れていないものを使いましょう。

飲み方・味わい方

ビールに少量を加えて、トマトのビアカクテルのレッドアイに。グラスの縁に塩をつけてロックで飲んでもOK。野菜やフルーツのジュースと割っても。

MEMO　夏野菜であるトマトは体の熱をとり、水分を補給してくれます。夏バテや夏風邪で食欲がないときにもおすすめ。のぼせやすい人にも向いている野菜です。

1カ月後　　1週間後　　当日

作り方

1

トマトはよく洗い、キッチンペーパーで水けをふきとり、横に1cm幅の輪切りにする。

2

レモンは皮をむき、わたをできるだけそぎ落とし、1cm幅の輪切りにする。

3

容器にトマト、レモン、ミックスペッパーを入れ、ホワイトリカーを注ぐ。

4

1カ月後にレモンを、3カ月後にトマトをとり出して、こす。

にんじん酒

緑黄色野菜の代表格のにんじんは、β-カロテンが豊富。
ほかにもカルシウムや鉄分、ビタミンCなどもバランスよく含まれています。
日本酒を使ったオレンジ色のにんじん酒は、まろやかな味わいです。

素材の選び方・漬け込み時期

春夏にんじんが4~7月、秋にんじんは8~10月、冬にんじんは11~12月が旬。色鮮やかで表面がなめらかなものを選びます。切り口が茶色に変色しているものは収穫後、かなり時間がたっています。

飲み方・味わい方

野菜ジュース割りにしましょう。カレーやポトフなどの煮込み料理などに加えると、うまみがアップします。

●おすすめの容器と材料

保存容器	1.4ℓ
にんじん	270g
ハチミツ	大さじ2
日本酒(アルコール度数20度以上)	500mℓ

●DATA

[飲みごろ] 3カ月後から
[コスト] 安　中　高
[味] 口当たりがよく甘みがある
[アレンジする場合のおすすめのベース酒]
ブランデー、ホワイトリカー
[効能] 抗酸化作用・血行促進・眼精疲労緩和・がん予防・むくみ緩和・風邪予防・便秘解消・美肌

MEMO　にんじんに含まれるカロテンは体内でビタミンAに変化し、体内の免疫力をアップします。皮膚や粘膜を丈夫にし、がん・心臓病・動脈硬化を予防するのに有効。

作り方

1
にんじんはたわしでよくこすり洗いし、キッチンペーパーで水けをふきとる。皮つきのまま4~5mm幅の輪切りにする。

2
容器ににんじん、ハチミツを入れ、日本酒を注ぐ。

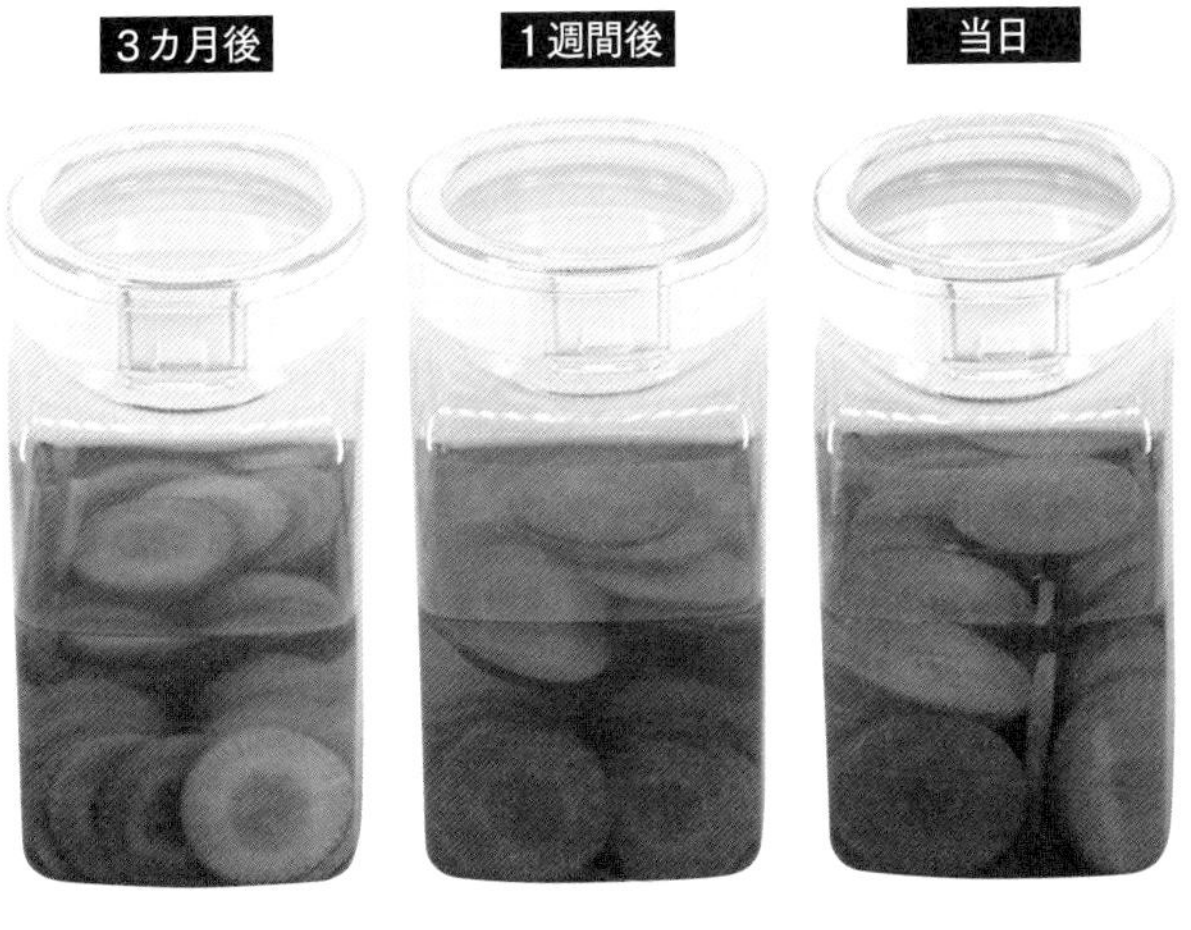

にんにく酒

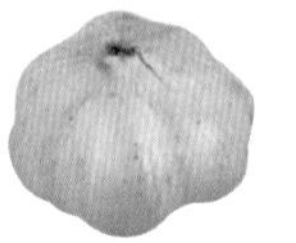

沖縄ではにんにくを泡盛で漬け込み、疲労時や風邪のひき始めにナイトキャップとして飲まれてきたようです。赤唐辛子を使うことで、にんにくの味と香りを引きしめました。砂糖不使用なので料理酒としても大活躍します。

●おすすめの容器と材料

保存容器	800㎖
にんにく	250ｇ
赤唐辛子	5本
ホワイトリカー	550㎖

●DATA

[飲みごろ] 4カ月後から
[コスト] 安　中　高
[味] 強い辛みがある
[アレンジする場合のおすすめのベース酒] 泡盛
[効能] 疲労回復・解毒作用・抗酸化作用・高血圧予防・コレステロール低下・浄血作用・冷え症緩和・不眠症改善・美肌

素材の選び方・漬け込み時期

旬は6～8月。傷みがあるものは使用しないか、傷んでいる部分を包丁で切り落としましょう。においが気になる場合は蒸すことで、やわらぎます。

飲み方・味わい方

にんにくの香りが強いので、飲む場合は薬酒として20㎖程度で。料理酒として肉や魚の下味や煮込み料理、パスタ、ドレッシングなどの風味づけにと、和洋中、問わずに使えます。

MEMO　漬け込んだにんにくはとり出して、薄切りにして炒め物に、みじん切りにして炒め物などに再利用ＯＫ。必要な分だけとり出して使えて、お酒につかっているので芽が出ることもありません。

作り方

1

にんにくは1かけずつ皮をむき、天地は包丁で切り落とす。

2

容器ににんにく、赤唐辛子を入れ、ホワイトリカーを注ぐ。

4カ月後　1週間後　当日

パセリ酒

パセリは洋食の脇役のような存在ですが、栄養成分の宝庫です。
β-カロテン量は野菜の中でトップクラス。鉄分やカルシウムなどのミネラルもたっぷりなので、
パセリ酒は貧血ぎみの人に飲んでほしいお酒です。

●おすすめの容器と材料

保存容器	1ℓ
パセリ	70g
レモン	1/2個
氷砂糖	20g
ホワイトリカー	680mℓ

●DATA

［飲みごろ］２カ月後から

［コスト］安　中　高

［味］パセリの青くささの中に、甘みと酸味

［アレンジする場合のおすすめのベース酒］
ウォッカ

［効能］滋養強壮・抗酸化作用・貧血予防・花粉症などのアレルギー症状緩和・利尿作用・美肌・食欲増進

素材の選び方・漬け込み時期

通年、入手可能です。葉色が濃く鮮やかなもので、葉が細かくちぢれて、ハリがあるものを選びましょう。

飲み方・味わい方

フルーツジュース割りにすると飲みやすくなります。「にんにく酒」（P106）と合わせてパスタなどの洋食メニューに加えると風味が倍増します。

MEMO　パセリの香りはアピオールという精油成分から。子宮に強い刺激を与える効果もあるので妊娠中の人はパセリを控えたほうがいよいといわれています。

作り方

1
ボウルに水を張ってパセリをよく洗い、キッチンペーパーで水けをふきとる。切り口を１cmほど切り落とし、容器に入る大きさに切る。

2
レモンは皮をむき、１～1.5cm幅の輪切りにする。

3
容器にパセリ、レモン、氷砂糖を入れ、ホワイトリカーを注ぐ。

4
１カ月後にパセリ、レモンをとり出す。

干ししいたけ酒

生のしいたけとくらべると、うまみも栄養価も高い干ししいたけ。
乾燥によって、うまみ成分のグアニル酸が増加しています。
ビタミンDは乾燥前の30倍も増加。料理酒としても上手に活用しましょう。

●おすすめの容器と材料

保存容器	800mℓ
干ししいたけ	20g
ハチミツ	大さじ1
ホワイトリカー	465mℓ

●DATA

[飲みごろ] 2カ月後から
[コスト] 安　中　高
[味] 濃いうまみの中に甘みがある
[アレンジする場合のおすすめのベース酒]
ウォッカ
[効能] 便秘解消・むくみ緩和・コレステロール低下・神経鎮静作用

素材の選び方・漬け込み時期

市販の干ししいたけなら、季節問わずいつでも漬け込めます。かさが肉厚で丸みがあり、かさの裏が黒くないものがベストです。

飲み方・味わい方

お湯割りにすればうまみと香りアップ。料理酒として、和風の煮物や、めんつゆ、かき玉スープなどの汁物に加えればうまみ倍増。かつおぶし(P195)とともに使うとさらに美味。

MEMO　薬膳料理では一般的に生のしいたけではなく、干ししいたけが使われています。

作り方

1

容器に干ししいたけ、ハチミツを入れ、ホワイトリカーを注ぐ。

2

干ししいたけが浮いてくるので、ラップを丸めて入れてからふたをする。

2カ月後　1週間後　当日

ほじそ酒

ほじそとは、しその花穂（かすい）のこと。薄紫色の花をつけたものを花穂じそ（はなほじそ）、花が落ちて実がついているものを穂じそと言います。お酒に漬け込む際は実がとれないように、やさしく扱いましょう。

●おすすめの容器と材料

保存容器	1ℓ
ほじそ	70g
氷砂糖	30g
ホワイトリカー	700mℓ

●DATA

［飲みごろ］ 2カ月後から
［コスト］ 安　中　高
［味］ ほのかに甘みがある
［アレンジする場合のおすすめのベース酒］ ウォッカ、ジン
［効能］ 解熱作用・抗菌作用・防腐作用・抗酸化作用・美肌・神経鎮静作用

素材の選び方・漬け込み時期

ほじそは通年入手可能ですが、12月~翌1月に比較的多く出回っています。実が密集していて、軸がピンと張り、切り口が茶色に変色していないものがベストです。

飲み方・味わい方

しその香りがいっぱいなので、すっきりと水割りがおすすめ。ビールやハイボールに入れて香りをアクセントにしてもOK。

MEMO　飾りとして、刺身に添えられていることが多いほじそですが、しょうゆ漬けや佃煮、天ぷらなど、さまざまな料理にアレンジできます。

作り方

1
ボウルに水を張ってほじそを洗い、キッチンペーパーで押さえるように水けを吸いとる。切り口が黒ずんでいる場合は、切り落とす。

2
容器にほじそ、氷砂糖を入れ、ホワイトリカーを注ぐ。

3
2カ月後にほじそをとり出す。

2カ月後　1週間後　当日

まつたけ酒

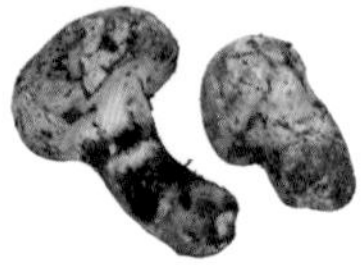

秋の味覚の王様である、まつたけ。
実は漢方食材としても親しまれ、漬け込んだお酒は薬酒としても活用されています。
1カ月ほどで飲みごろを迎えるので、冬の健康維持に役立つ一杯におすすめです。

●おすすめの容器と材料

保存容器	800㎖
まつたけ	100ｇ
ホワイトリカー	400㎖

●DATA

［飲みごろ］ 1カ月後から
［コスト］ 安　中　高
［味］ ほんのりと甘みがある
［アレンジする場合のおすすめのベース酒］ ホワイトラム
［効能］ 食欲増進・免疫力向上・精神安定・血圧安定・便秘解消

素材の選び方・漬け込み時期

旬は10~11月。かさが大きく開いていないもの、軸が固くしまっているものが良質。乾燥すると傷みが早いので、手に入ったら早めに漬け込みましょう。

飲み方・味わい方

20㎖程度をを常温ストレートで飲んでください。「すだち酒」（P.53）とブレンドして、和食の食中酒にしてもよいでしょう。

作り方

1
キッチンペーパーを水でぬらしてしぼり、まつたけの軸やかさの汚れをやさしくふきとる。石づきは包丁で切り落とす。
※カサにまつたけ特有の香りが含まれているため、水洗いはしない。

2
まつたけを縦に5㎜幅の薄切りにする。

3
容器にまつたけを入れ、ホワイトリカーを注ぐ。

MEMO　秋の風物詩であるまつたけですが、国産は年々減り、貴重で高価になっています。その一方、中国や韓国、アメリカからの輸入ものが増え、比較的安価で入手可能です。

ミニトマト酒

赤いミニトマトだけをお酒に漬け込むのもいいですが、
黄、オレンジ、緑など色の違うミニトマトを組み合わせるとカラフルで華やかに。
カットしないで漬け込むので、竹串で穴をあけておくと熟成が早まります。

素材の選び方・漬け込み時期

旬は6～9月。皮にハリとツヤがあり、傷がないもの。へたが茶色く枯れていないものを選びましょう。

飲み方・味わい方

ロックのほか、ミントの葉と氷を入れたグラスに、ミニトマト酒と炭酸水を加えて混ぜると、さっぱりとし夏にぴったりの一杯になります。

●おすすめの容器と材料

保存容器……1ℓ
ミニトマト……330g
（およそ30個。写真は赤・黄・オレンジ・緑を使用）
レモン……1/2個
ホワイトリカー……420mℓ

●DATA

［飲みごろ］6カ月後から
［コスト］安　中　高
［味］かすかに酸味と甘みがある
［アレンジする場合のおすすめのベース酒］
ブランデー
［効能］疲労回復・抗酸化作用・生活習慣病予防・コレステロール低下・風邪予防・美肌

MEMO　家庭菜園でミニトマトを作っている人はぜひもぎたての新鮮なものを使って、香りごと漬け込んでください。

作り方

1
ミニトマトはよく洗ってへたをとり、キッチンペーパーで水けをふきとる。

2
レモンは皮をむき、わたをできるだけそぎ落とし、1cm幅の輪切りにする。

3
容器にミニトマト、レモンを入れ、ホワイトリカーを注ぐ。

4
1～2カ月以内にレモンをとり出す。

みょうが酒

薬味野菜ならではの、すっきりとした香りを持つみょうが。
お酒に漬け込むときは、せっかくの香りを逃がさないためにも、
みょうがをゴシゴシ洗ったりふいたりせず、やさしく扱うことが大切です。

●おすすめの容器と材料

保存容器	1ℓ
みょうが	250g（大12個）
ホワイトリカー	550mℓ

●DATA

［飲みごろ］　3カ月後から
［コスト］　安　中　高
［味］　ほのかに苦みがある
［アレンジする場合のおすすめのベース酒］　ブランデー
［効能］　疲労回復・冷え症改善・不眠症改善・食欲増進・消化促進・風邪予防・夏バテ防止

素材の選び方・漬け込み時期

表皮が傷んだものや先端がつぶれたものは使用しないこと。土が多く付着して売られているものは避けてください。土を完全にとり除くことは難しく、土が残留したまま漬け込むと腐敗の原因になります。

飲み方・味わい方

すっきりとした味わいなので、ロックや炭酸水割りが合います。

MEMO　みょうがは旬を1年に2回迎えます。やや小ぶりで6～8月に出る「夏みょうが」、大きめで色鮮やかな8～10月に出る「秋みょうが」があります。

3カ月後　1週間後　当日

作り方

1

みょうがはやさしく洗って、キッチンペーパーで水けをふきとる。根元は切り落とす。

2

容器にみょうがを入れ、ホワイトリカーを注ぐ。

山いも酒

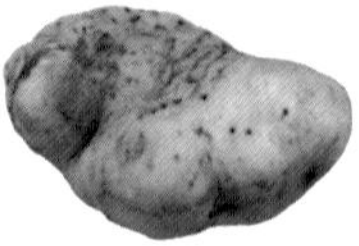

いちょういも、大和いもとも呼ばれています。
消化酵素のジアスターゼが豊富で、消化吸収をアシスト。
山いもは、長いもよりも粘りが強く、山いも酒にすればトロリとした口当たりに仕上がります。

素材の選び方・漬け込み時期

倉庫に貯蔵されてる「ひね物」は年じゅう入手可能ですが、新物は10月に出回ります。表面がなめらかで、傷がないもので、切り口が白くみずみずしいものを漬け込みましょう。

飲み方・味わい方

山いもの素朴な香りと、やさしい口当たりを楽しむために、ロックでどうぞ。

●おすすめの容器と材料

保存容器	1.4 ℓ
山いも	250 g
レモン	1個
ホワイトリカー	480㎖

●DATA

[飲みごろ] 2カ月後から
[コスト] 安　中　高
[味] 酸味がある
[アレンジする場合のおすすめのベース酒]
ブランデー
[効能] 滋養強壮・疲労回復・消化促進・便秘解消・下痢予防・むくみ緩和・血圧降下・美肌

MEMO　山いもをさわると手がかゆくなるのは、蓚酸カルシウムという成分が原因。酢水やレモン汁に手をつけると、かゆみがやわらぎます。

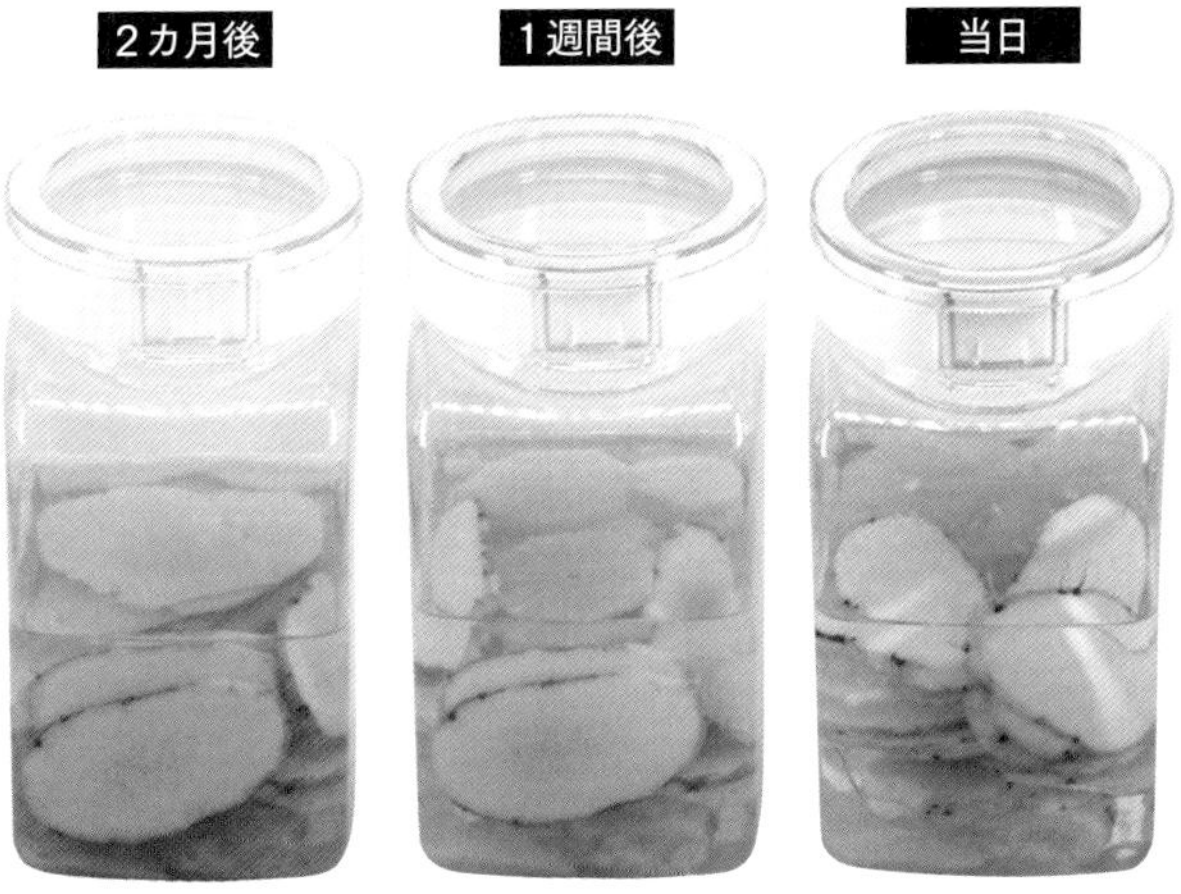

作り方

1
山いもはスポンジでよく洗い、キッチンペーパーで水けをふきとり、皮つきのまま2～3㎜幅の輪切りにする。

2
レモンは皮をむき、1㎝幅の輪切りにする。

3
容器に山いも、レモンを入れ、ホワイトリカーを注ぐ。

4
2週間後にレモン、2カ月後に山いもをとり出す。

山うど酒

完全に日光を遮断して栽培する軟白うどとくらべ、天然の山うどは味が濃厚で香りよく、栄養価も高いのが特徴。皮ごと漬け込む山うど酒は、強い香りとほどよい渋みとほろ苦さがあり、野趣あふれる味です。

●おすすめの容器と材料

保存容器	1.4ℓ
山うど	250g
ホワイトリカー	550mℓ

●DATA

［飲みごろ］　1カ月後から

［コスト］　安　中　高

［味］　ほのかに渋み、苦みがある

［アレンジする場合のおすすめのベース酒］
ウォッカ

［効能］　滋養強壮・疲労回復・整腸作用・冷え症緩和・むくみ緩和・鎮静作用

素材の選び方・漬け込み時期

収穫時期は2〜4月。太さが均一で、うぶ毛がしっかり生えていて、茎は白く、芽先とハカマの色が淡いピンクのものがおすすめです。

飲み方・味わい方

春ならではの野菜の香りや渋み、苦みを感じながら、薬酒としてストレートかロック、水割りで飲みましょう。

MEMO　うどは野菜の中でも水分が多く含まれていて、血圧上昇を抑えるカリウムも多く含まれていることが特徴です。

作り方

1

山うどはよく洗い、キッチンペーパーで水けをふきとり、7〜8㎜幅の斜め薄切りにする。

2

容器に山うどを入れ、ホワイトリカーを注ぐ。

3

1カ月後に山うどをとり出す。

1カ月後　1週間後　当日

山わさび酒

ローストビーフのつけ合わせとしておなじみ。主産地の北海道では山わさびと呼ばれていますが、ほかの地域では西洋わさび、ホースラディッシュも言われています。
冷涼な気候で育ち、12月～翌4月ごろに掘り起こしたものはツーンと辛いです。

●おすすめの容器と材料

保存容器……1.4ℓ
山わさび……200g
ホワイトリカー……600mℓ

●DATA

[飲みごろ] 2カ月後から
[コスト] (安　中　高)
[味] ピリッとした辛みがある
[アレンジする場合のおすすめのベース酒]
日本酒(アルコール度数20度以上、漬け込んだら冷蔵保存)
[効能] 防虫作用・防カビ作用・抗菌作用・下痢予防・鎮痛作用・食欲増進・美肌

素材の選び方・漬け込み時期

国産が出回るのは12月~翌4月。収穫から時間がたつとだんだんと茶色になり、香りも辛みも弱くなります。色白のものを選んでください。温暖な気候で育ったものも、辛みはあまりありません。

飲み方・味わい方

水割りにして、山わさび特有の鼻にツーンとくる香りを楽しんでください。

作り方

1

ボウルにたっぷりの水を張って山わさびをこすり洗いし、キッチンペーパーで水けをふきとり、5～7㎝長さに切り、縦4等分に切る。

2

容器に山わさびを入れ、ホワイトリカーを注ぐ。

MEMO　山わさびは主産地の北海道以外では手に入りにくいですが、生命力が強いので、手軽にプランターで栽培できます。

2カ月後　1週間後　当日

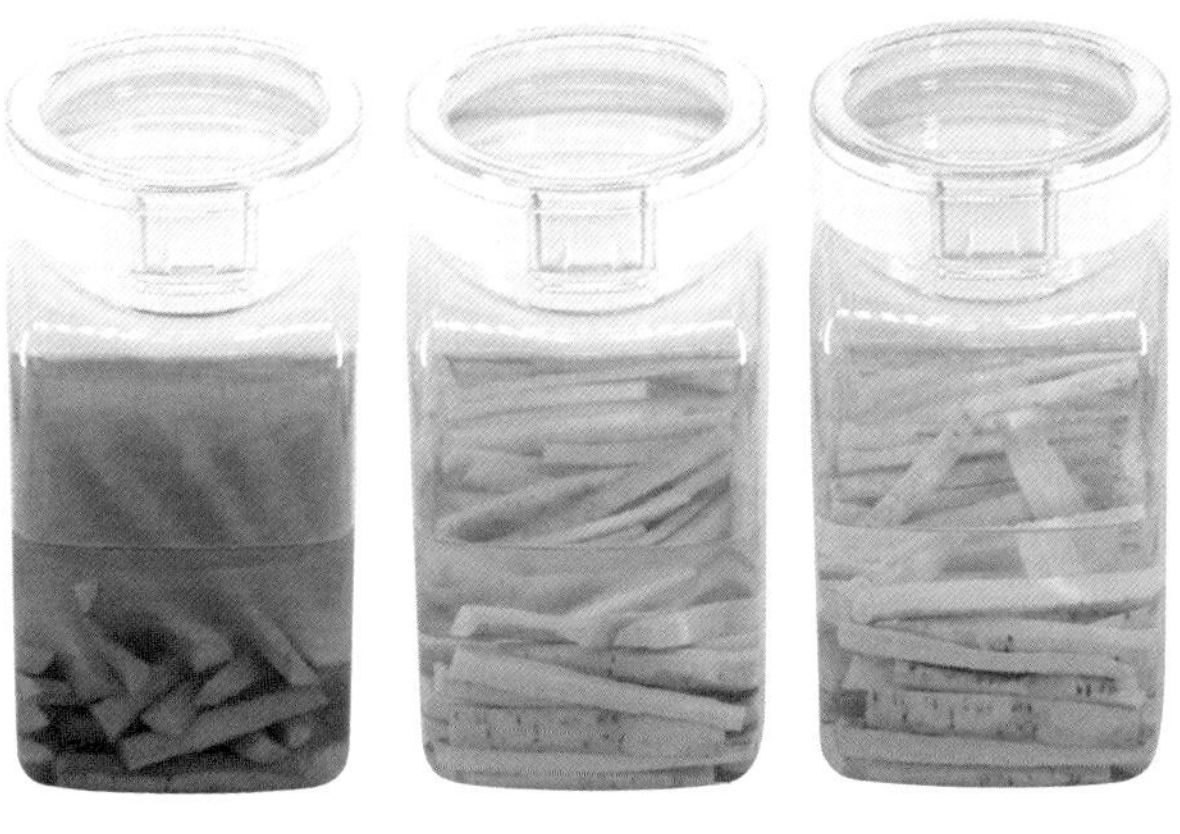

よもぎ酒（乾燥）

独特の香りがするよもぎは、草もちなどの和菓子に使われていますが、
野草の中でも栄養素が高く、古くから女性の悩みに効く薬草として親しまれています。
漬け込み酒にすると、日常生活にとり入れやすくなるでしょう。

●おすすめの容器と材料

保存容器	500mℓ
よもぎ（乾燥）	15ｇ
ホワイトリカー	485mℓ

●DATA

［飲みごろ］２カ月後から
［コスト］安　中　高
［味］薬草のような苦みがある
［アレンジする場合のおすすめのベース酒］
ブランデー
［効能］浄血作用・便秘解消・冷え症緩和・貧血予防・コレステロール低下・リラックス効果・美肌

素材の選び方・漬け込み時期

生のよもぎの旬は3~5月ですが、乾燥ならいつでも漬け込めます。乾燥でもよもぎの香りはしっかりと出ます。

飲み方・味わい方

牛乳割りにすると飲みやすくなります。ストレート、水割り、お湯割りも◎。

作り方

1
容器によもぎを入れ、ホワイトリカーを注ぐ。

2
１カ月後によもぎをとり出し、ビニール手袋をして、よもぎの水けをしぼり、エキスを出してこす。

MEMO　よもぎは外用として、お灸のもぐさや座浴よもぎ蒸し、入浴剤がわりなどにも使われています。

ルバーブ酒

強い酸味と高い香り、鮮やかな赤色のルバーブ酒は、まるで果実酒のよう。
ルバーブは緑色と赤色の品種ありますが、赤色は青くささがありません。
ルバーブの葉はシュウ酸を多く含むので、食用にはできません。

素材の選び方・漬け込み時期

旬は5～6月。シベリアが原産地ですが、長野や北海道でも栽培されています。切り口が茶色くなっていたり、断面が傷んでいたりするものは避けましょう。筋がなくてみずみずしい若いものを使います。

飲み方・味わい方

炭酸水割りにすると、明るい紅赤色の液体に泡が立ち上がり、美しい色も楽しめます。

●おすすめの容器と材料

保存容器……1ℓ
ルバーブ(赤)……250g
氷砂糖……30g
ホワイトリカー……520mℓ

●DATA

[飲みごろ] 3カ月後から
[コスト] (安　中　高)
[味] 酸味が強めで少し甘い
[アレンジする場合のおすすめのベース酒]
ブランデー
[効能] 便秘解消・むくみ緩和・抗酸化作用・生活習慣病予防・眼精疲労緩和・美肌

MEMO　ルバーブの調理方法で人気が高いのはジャム。ほかのフルーツジャムより煮込み時間が短いので、早く仕上がります。

作り方

1

ルバーブはよく洗い、キッチンペーパーで水けをふきとる。切り口を切り落とし、断面が傷んでいないかを確認し、3㎝長さに切る。

2

容器にルバーブ、氷砂糖を入れ、ホワイトリカーを注ぐ。

3カ月後　1週間後　当日

れんこん酒

れんこんのネバネバ成分のムチンは、たんぱく質と糖が結合したもので、
胃腸の粘膜や保護して消化を助ける働きがあるといわれています。
お酒に漬け込む際は、れんこんの穴に残った水けのふき忘れに注意してください。

●おすすめの容器と材料

保存容器	1.4ℓ
れんこん	200g
レモン	1個
ハチミツ	30g
ホワイトリカー	500㎖

●DATA

[飲みごろ] 2カ月後から
[コスト] 安　中　高
[味] 酸味と甘みがある
[アレンジする場合のおすすめのベース酒]
ウォッカ
[効能] 疲労回復・利尿作用・血圧降下・便秘改善・コレステロール低下・抗酸化作用・貧血予防・美肌

素材の選び方・漬け込み時期

おいしい時期は11月~翌3月。穴の中が黒くなっているのは古い証拠。白くてみずみずしいものを使いましょう。ただし、秋ものは表面が赤褐色の場合もあります。

飲み方・味わい方

野菜ジュースと合わせるのがおすすめ。ストレートも水割りも◎。

作り方

1

ボウルに水を張って、スポンジでれんこんの表面をこすり洗いをし、流水でれんこんの穴までよく洗う。キッチンペーパーで水けをふきとる。

2

れんこんを皮つきのまま2～3㎜幅の輪切りにする。

3

レモンは皮をむき、1㎝幅の輪切りにする。

4

容器にれんこん、レモン、ハチミツを入れ、ホワイトリカーを注ぐ。

5

2週間後にレモンをとり出す。

MEMO　穴があいていることから「先を見通す」という意味を持ち、縁起物とされています。

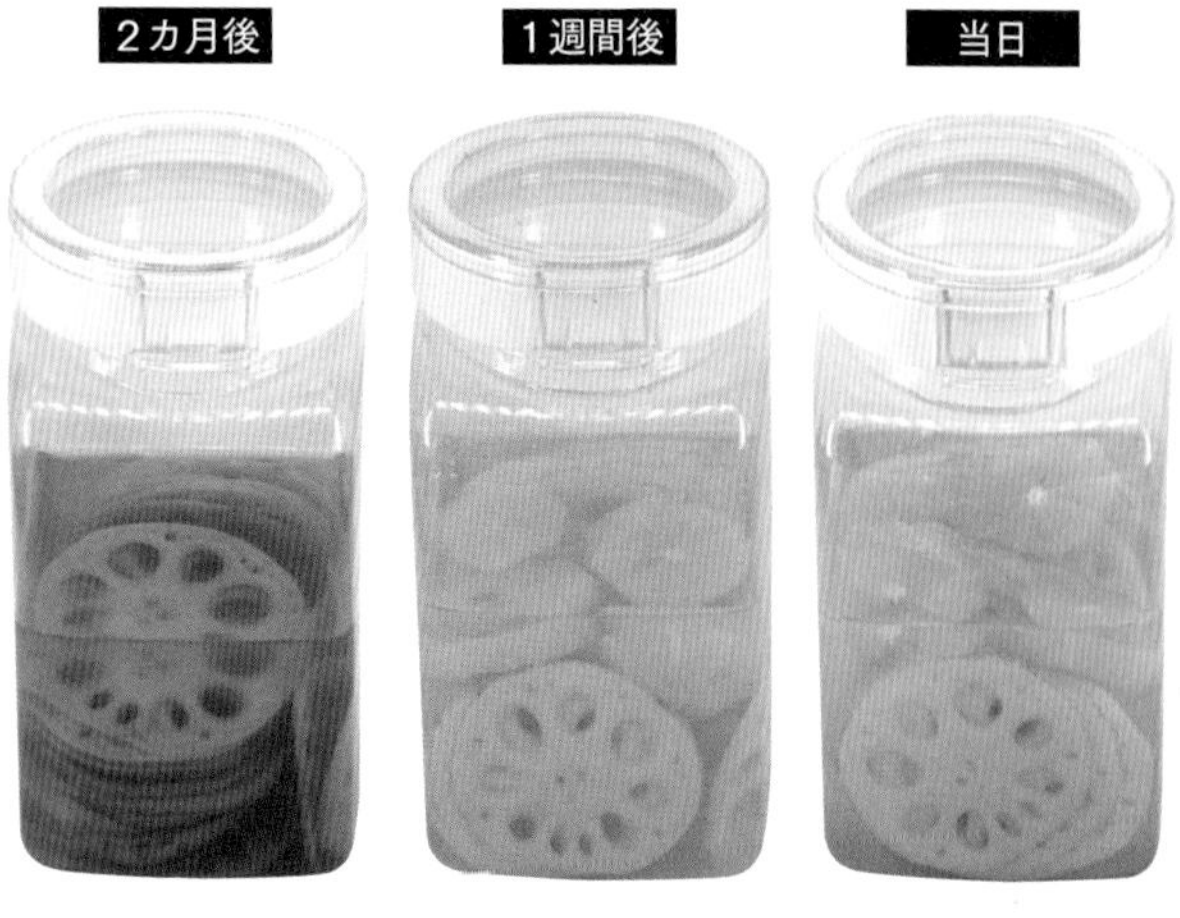

わさび酒

産地は静岡県産がほとんど。数少ない日本原産の野菜ですが、
古来は食用ではなく、薬草として用いられていたそうです。
わさびを漬け込んだお酒はピリリとくる辛さと、すっきりとした香りが大人の味わいです。

●おすすめの容器と材料

保存容器	1ℓ
わさび	150g
ホワイトリカー	650mℓ

●DATA

［飲みごろ］　3カ月後から
［コスト］　安　中　高
［味］　ピリリとした辛みがある
［アレンジする場合のおすすめのベース酒］
ウォッカ、ジン
［効能］　防虫作用・防カビ作用・抗菌作用・下痢予防・鎮痛作用・食欲増進・美肌

素材の選び方・漬け込み時期

一年じゅう入手可能ですが、おいしい時期は12月~翌2月。全体の太さがほぼ均一で、太めで根がゴツゴツしたものを使用しましょう。

飲み方・味わい方

辛みが強いので飲みすぎは厳禁。水割りがおすすめです。また、料理酒として、ドレッシングの隠し味などに使えます。

MEMO　山間部の沢や水田で育つものが水わさび、畑で育ったものがを畑わさびと呼びます。水わさびが人気ですが、畑わさびはサイズが小さく、扱いやすいです。

作り方

1

ボウルにたっぷりの水を張ってわさびをこすり洗いし、キッチンペーパーで水けをふきとり、縦4等分に切る。

2

容器にわさびを入れ、ホワイトリカーを注ぐ。

3カ月後　1週間後　当日

赤じそジュース

赤じそをジュースにすると、
さわやかな酸味を子どもでも楽しむことができます。
赤じそにはアントシアニン以外にもビタミンB_1・B_2・C・Eや、
鉄分、カルシウムなどが多く含まれています。

素材の選び方・漬け込み時期

赤じそは6～8月に出回り、6月が流通量の最も多い月になります。

飲み方・味わい方

水割り、炭酸水割り。大人はビールで割っても◎。

作り方

1

赤じその茎から葉を外す。ボウルに水を張り、葉を１枚ずつ、ていねいに洗う。

2

鍋に分量の水を入れ、沸騰させ、赤じそを加える。赤じそが浮いてくるので、菜ばしでお湯の中に沈める。約3分後、赤じそをざるに上げ、ボウルなどで受けてこす。

3

こした汁を鍋に戻し、氷砂糖を加えて、弱火で15分煮つめる。

4

あら熱をとってからりんご酢を加え、容器に移す。

●**おすすめの容器と材料**

保存容器	500mℓ
赤じそ	250ｇ
氷砂糖	300ｇ
りんご酢	30mℓ
水	600mℓ

●**DATA**

［日持ち］　冷蔵庫保存で３カ月
［コスト］　安　中　高
［味］　スッキリとした酸味
［アレンジする場合のおすすめのベース酒］
ブランデー、ウイスキー
［効能］解熱作用・抗菌作用・防腐作用・抗酸化作用・神経鎮痛作用・美肌

記録を作ろう

手作り酒を冷暗所にしまい込み、容器が目に入らない日が長くなると、うっかりレモンの皮の引き上げる日や飲みごろを忘れてしまいがちです。そこで、漬け込んだ日などを忘れないよう、記録を作って、容器に貼っておきましょう。次回の配合などの参考にもなりますよ。下の表をコピーして使ってみてください。

●漬けた日
　　年　　月　　日

●酒名

●レモン、果肉などをとり出す日
　　年　　月　　日

●引き上げる材料名

●レシピなどメモ

第3章

花・ハーブ酒

アップルミント酒

アップルミントは数あるミントの中でも、甘くまろやかなタイプ。
お酒に漬け込むと、味はスッとした爽快さを感じた後に、りんごの風味が感じられます。
香りはほのかに甘く、疲れたときに心と体をやさしくリフレッシュしてくれます。

●おすすめの容器と材料

保存容器	800mℓ
アップルミント	12～30g
氷砂糖	30g
ホワイトリカー	460mℓ

●DATA

[飲みごろ] 1カ月後から
[コスト] 安　中　高
[味] やわらかな甘みと酸味がある
[アレンジする場合のおすすめのベース酒]
ジン
[効能] 疲労回復・殺菌作用・リフレッシュ効果・冷え症緩和・不眠症改善・美肌

素材の選び方・漬け込み時期

葉がみずみずしく、ハリがあるものが新鮮です。季節問わず入手できますが、おもに収穫される時期は6～9月です。

飲み方・味わい方

水割りやお湯割り、炭酸水割りにして、おだやかな清涼感とりんごの風味を味わいながらリフレッシュしましょう。

作り方

1

ボウルに水を張ってアップルミントを入れ、流水で洗い、キッチンペーパーで水けをふきとる。

2

容器にアップルミント、氷砂糖を入れ、ホワイトリカーを注ぐ。

3

2週間後にアップルミントをとり出す。

MEMO　パイナップルミントやバナナミント、グレープフルーツミントなど、他のフルーツミントでも同じレシピでお試しください。

1カ月後　1週間後　当日

イタリアンパセリ酒

イタリアンパセリは、日本のパセリより苦みが少なく、香りはおだやか。
ビタミン類やミネラル塁などの栄養価がとても高いハーブです。
レモンと氷砂糖を加えて漬け込むことで、やさしい甘さのなかに、さわやかな後口が広がります。

素材の選び方・漬け込み時期

葉がみずみずしく、緑色が濃いものを選びましょう。年じゅう手に入るので、好きなときに漬け込めます。

飲み方・味わい方

滋養強壮や貧血改善などの薬酒として、水割りやお湯割りにして飲みましょう。

●おすすめの容器と材料

保存容器	800mℓ
イタリアンパセリ	15～30ｇ
レモン	1/2個
氷砂糖	10ｇ
ホワイトリカー	430mℓ

●DATA

［飲みごろ］ 1カ月後から
［コスト］ 安　中　高
［味］ やさしい甘みがある
［アレンジする場合のおすすめのベース酒］
ジン、ウォッカ
［効能］ 滋養強壮・造血作用・貧血予防・花粉症などのアレルギー症状緩和・利尿作用・美肌

作り方

1
ボウルに水を張ってイタリアンパセリを入れ、流水でよく洗い、キッチンペーパーで水けをふきとる。

2
レモンはよく洗い、皮ごと５㎜幅の輪切りにする。

3
容器にイタリアンパセリ、レモン、氷砂糖を入れ、ホワイトリカーを注ぐ。

4
２週間後にイタリアンパセリ、レモンをとり出す。

MEMO　マイルドな風味のイタリアンパセリは、パスタやスープ、オムレツ、ギョーザ、マヨネーズとあえてソースにするなど、さまざまな料理にも活用できます。

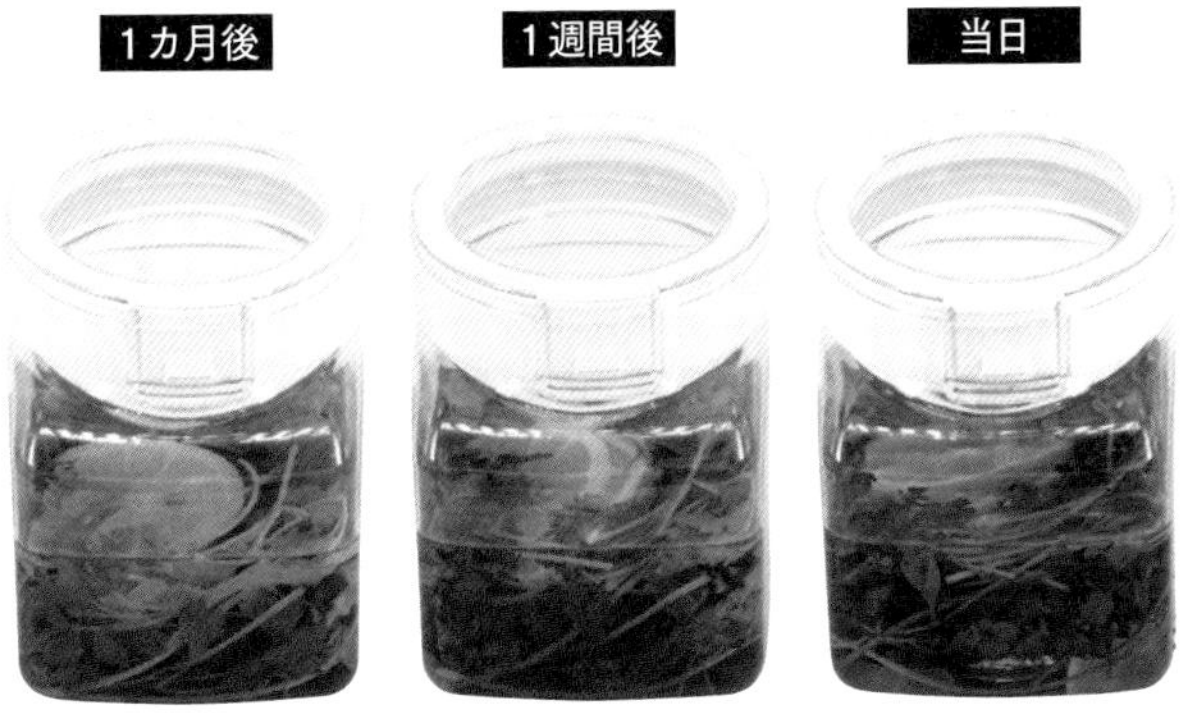

オレガノ酒

オレガノ酒生葉より乾燥したもののほうが、
お酒の香りは強くなります。オレガノ酒はスパイシーな
味と香りで、料理に酒としてさまざまな料理に使えます。
少々クセがありますが、料理に少量使うならまったく
気になりません。トマトやチーズ、肉類と好相性です。

素材の選び方・漬け込み時期

年じゅう入手可能。乾物も生鮮食品同様、鮮度が重要です。賞味期限内であってもできる限り早くに使用し、高温多湿な場所での保存も避けてください。

飲み方・味わい方

オレンジジュースに少量加えると、スパイシーでおしゃれなカクテルに。料理酒としても活躍するお酒。

作り方

1
容器にオレガノを入れ、白ワイン、ホワイトリカーを注ぐ。

2
1カ月後にオレガノをこす。

1カ月後　　当日

● おすすめの容器と材料

保存容器	800㎖
オレガノ（乾燥）	20ｇ
白ワイン	150㎖
ホワイトリカー	330㎖

● DATA

［飲みごろ］ 1カ月後から
［コスト］ 安　中　高
［味］ スパイシー
［アレンジする場合のおすすめのベース酒］ 焼酎（25度以上）
［効能］ 疲労回復・抗菌作用・抗酸化作用・消化促進・鎮痛作用

カモミール酒

「大地のりんご」と呼ばれるように、
りんごに似たやわらかい甘い味と香りがします。
代表的なカモミールに、ジャーマンカモミール（一年草）と
ローマンカモミール（多年草）がありますが、
漬け込み酒にはジャーマン種がよく合います。

素材の選び方・漬け込み時期

一般的にカモミールとして販売されているのはジャーマンカモミール。花の部分のみに香りがあり、ハーブ酒向き。乾燥ならいつでも漬け込み可能です。

飲み方・味わい方

20㎖ほどの量を常温のストレートで。水割り、お湯割りにしてもリラックス効果があります。

作り方

1
容器にカモミールを入れ、日本酒を注ぐ。

2
1週間後にカモミールをとり出し、こす。

1カ月後　　当日

● おすすめの容器と材料

保存容器	800㎖
カモミール（ジャーマンカモミール・乾燥）	10ｇ
日本酒（アルコール度数20度）	490㎖

● DATA

［飲みごろ］ 1カ月後から
［コスト］ 安　中　高
［味］ ほのかな甘みがある
［アレンジする場合のおすすめのベース酒］ 焼酎（20〜25度）
［効能］ 鎮静作用・消化促進・リラックス作用・冷え症緩和・不眠症改善

菊花酒（生）

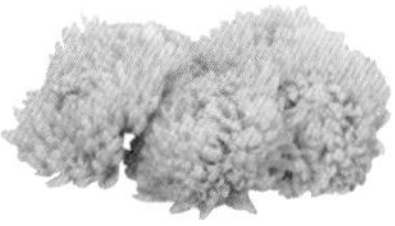

食用菊は苦みを減らし、花びらを大きく改良したものです。
漬け込んだお酒はほろ苦さだけでなくやさしい甘みもあり、独特の強い香りも楽しめます。
黄色、白色、紅紫色と色もさまざまで、お好きな色のものをお酒に漬けましょう。

素材の選び方・漬け込み時期

年じゅう手に入りますが、旬の10～12月に出回るものは香りが抜群なので、この時期に漬け込みましょう。色が鮮やかで、しおれていない、形が美しいものを選んでください。

飲み方・味わい方

20mℓほどの量を常温ストレートで、または水割り。

●おすすめの容器と材料

保存容器……800mℓ
食用菊（黄）……80g
ホワイトリカー……420mℓ

●DATA

［飲みごろ］ 2カ月後から
［コスト］ 安　中　高
［味］ やや甘く、ほろ苦さもある
［アレンジする場合のおすすめのベース酒］
ウォッカ
［効能］ 眼精疲労緩和・鎮痛作用・リラックス効果・抗酸化作用・抗炎症作用

MEMO　中国では2000年以上前から薬用として栽培され、生薬や菊花茶として親しまれています。栄養学上では、ビタミンB_1やB_2・E、鉄分やカリウムなどが豊富に含まれています。

2カ月後　1週間後　当日

作り方

1
食用菊は水洗いし、キッチンペーパーで水けをふきとる。

2
容器に菊を入れ、ホワイトリカーを注ぐ。菊がホワイトリカーを吸い込んで浮いてきたら、ラップをふんわりと丸めてふたをする。

3
1カ月後に菊をとり出し、ろ過する。

菊花酒（乾燥）

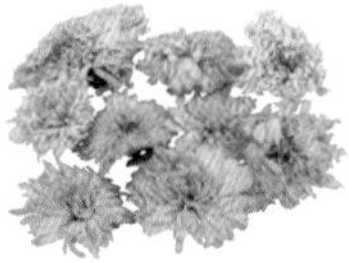

乾燥した菊花は中国茶の花茶でおなじみ。漢方薬にも使用され、熱を下げ、体の中の余分なものを排出する働きがあるとされています。白い菊の花ですが、漬けたお酒は透き通った淡い黄色に。甘い香りが漂い、体と心を癒やしてくれます。

●おすすめの容器と材料

保存容器	800㎖
菊花（乾燥）	8ｇ
氷砂糖	10ｇ
焼酎（アルコール度数25度）	480㎖

●DATA

［飲みごろ］２カ月後から

［コスト］安　中　高

［味］甘みの中にほんのりと苦みがある

［アレンジする場合のおすすめのベース酒］ウォッカ

［効能］眼精疲労緩和・鎮痛作用・リラックス効果・抗酸化作用・抗炎症作用

素材の選び方・漬け込み時期

乾燥の菊花は中華街などの中国食品店などで入手できます。乾燥は季節を問わず、漬け込むことができます。

飲み方・味わい方

やさしい甘い香りを楽しむなら、シンプルに水割り、またはお湯割りがよいでしょう。

作り方

1

容器に菊花、氷砂糖を入れ、焼酎を注ぐ。

2

１週間後に菊花をとり出し、こす。

MEMO　中国などで薬用菊として使われている乾燥菊花は、白くて小ぶりな「抗菊」。国内では青森県産のむしった菊の花びらを蒸して乾燥させた「干し菊」が有名です。

キンモクセイ酒

漢字では金木犀と書きます。日本では、秋になるとどこからともなく漂うキンモクセイの香り。
　キンモクセイの花を摘んで乾燥させたものが桂花です。焼酎ベースのキンモクセイ酒は、輝きのある麦わら色で、ほんのりと甘いフルーツのような香りがして心身ともに癒やされます。

素材の選び方・漬け込み時期

中国食材店などで購入できます。乾燥なので、いつでも漬け込むことができます。

飲み方・味わい方

キンモクセイ特有の甘い香りを楽しむなら、ストレートやロック、お湯割りで。またグレープフルーツジュースや梅酒に入れても◎。

●おすすめの容器と材料

保存容器	800mℓ
キンモクセイ（乾燥）	15ｇ
焼酎（アルコール度数25度）	485mℓ

●DATA

［飲みごろ］　1カ月後から
［コスト］　安　中　高
［味］　ほんのりと甘みがある
［アレンジする場合のおすすめのベース酒］
ホワイトリカー2/3と白ワイン1/3
［効能］　抗酸化作用・抗炎症作用・低血圧の改善・不眠症改善・リラックス効果・美肌

作り方

1

容器にキンモクセイを入れ、焼酎を注ぐ。

2

1週間後にキンモクセイをとり出し、こす。

MEMO　キンモクセイは9～10月に開花。日本では関東地方以西の地域での栽培が適しており、北海道や東北北部ではほとんど見かけません。

1カ月後　1週間後　当日

ジャスミン酒

中国茶や香水に使われるジャスミン（茉莉花）。このレシピのジャスミン酒は、ホワイトリカーをベースに白ワインをプラス。ジャスミンのやさしくて華やかな香りに、白ワイン効果で後味をさわやかに仕上げました。

●おすすめの容器と材料

保存容器	800mℓ
ジャスミン（乾燥）	10g
白ワイン	150mℓ
ホワイトリカー	340mℓ

●DATA

［飲みごろ］ 1カ月後から

［コスト］ 安　中　高

［味］ やわらかでほのかに甘い味

［アレンジする場合のおすすめのベース酒］
日本酒、焼酎
（ともにアルコール度数20〜25度以上）

［効能］ 抗菌作用・鎮痛作用・ホルモン調整作用・精神安定・美肌

素材の選び方・漬け込み時期

ハーブティー店などで手に入ります。季節関係なくいつでも漬け込み可能。

飲み方・味わい方

水割りや炭酸水割りにすると、のどごしさっぱり。アイスティーやりんご酢割りも◎。

作り方

1

容器にジャスミンを入れ、白ワイン、ホワイトリカーを注ぐ。

2

1週間後にジャスミンをとり出し、こす。

MEMO ジャスミン茶にはミネラルやビタミンが豊富に含まれているので、飲むと口の中がさっぱりするだけではなく、胃腸に働きかけて消化を助けてくれます。

1カ月後　1週間後　当日

セージ酒

セージは古代から万病に効く薬草と利用され、免疫機能アップに役立つとされています。
ハーブの中でも強い香りを持つセージは、ソーセージやハンバーグなどの肉料理によく合います。
生の葉はオイルやビネガー、そしてお酒に漬け込み、香りを移しましょう。

素材の選び方・漬け込み時期

収穫は4~10月。葉先までハリがあり、肉厚なものを選びましょう。

飲み方・味わい方

お湯割りにして飲むと心が落ち着きます。また料理酒として、セージの風味を生かすシンプルな味つけの料理に合います。

●おすすめの容器と材料

保存容器	500㎖
セージ(生)	15ｇ
氷砂糖	25ｇ
ホワイトリカー	460㎖

●DATA

[飲みごろ] 1カ月後から
[コスト] 安　中　高
[味] 甘さの後からほろ苦さがくる
[アレンジする場合のおすすめのベース酒]
ブランデー、ウォッカ
[効能] 滋養強壮・抗菌作用・消化促進・更年期障害緩和・精神安定・美肌

MEMO　しょうのうと似た味がするので、初めて飲むときは少々驚きがありますが、飲用すると精神安定作用があり、料理に使うと風味をグッとアップします。

作り方

1
ボウルに水を張ってセージを入れ、流水でよく洗い、キッチンペーパーで水けをふきとる。

2
容器にセージ、氷砂糖を入れ、ホワイトリカーを注ぐ。

3
2週間後にセージをとり出す。

1カ月後　1週間後　当日

スナップドラゴン酒

和名は金魚草（キンギョソウ）。ひらひらとした花びらで、ビタミンCがたっぷり。
カラーバリエーションが豊富なエディブルフラワー（食べられる花）を使い、
ハチミツと氷砂糖を加えています。味、香りともにクセがなく、あっさりとした飲み口です。

素材の選び方・漬け込み時期

エディブルフラワーを選んでください。10月～翌5月に多く収穫されます。鮮度が重要なので、色鮮やかで花びらにハリがあるものを選び、買ったら早めに漬け込みましょう。

飲み方・味わい方

20㎖ほどの量を常温でどうぞ。ほのかな甘みがアイスティー割りやジンジャーエール割りと合います。

●おすすめの容器と材料

保存容器……500㎖
スナップドラゴン……12g
氷砂糖……20g
ハチミツ……10g
ホワイトリカー……270㎖

●DATA

［飲みごろ］ 1カ月後から
［コスト］ 安　中　高
［味］ 甘みの後に、ほのかな苦みがある
［アレンジする場合のおすすめのベース酒］ ブランデー
［効能］ 疲労回復・皮膚粘膜修復・血液凝固作用・精神安定・美肌

MEMO スナップドラゴンは花姿がかわいらしいので、サラダやデザートに飾りとして添えてもきれいです。また熱に強いので炒めものやスープの飾りにするのもおすすめです。

作り方

1
容器にスナップドラゴン、氷砂糖、ハチミツを入れ、ホワイトリカーを注ぐ。

2
2週間後にスナップドラゴンをとり出し、こす。

1カ月後　1週間後　当日

タイム酒（生）

古代ギリシャ・ローマ時代の人々に、タイムの香りが好まれていました。
タイム酒は万能料理酒として、さまざまな料理に使えます。
なかでも長時間の煮込み肉料理などに最適。抜群の抗菌・防腐作用があるので保存性も高まります。

●おすすめの容器と材料

保存容器	800mℓ
タイム（生）	10g
ローリエ	1枚
氷砂糖	10g
ホワイトリカー	480mℓ

●DATA

［飲みごろ］ 2カ月後から
［コスト］ 安　中　高
［味］ 強い甘みと苦みがある
［アレンジする場合のおすすめのベース酒］
ブランデー
［効能］ 抗菌作用・防腐作用・疲労回復・消化促進・咳止め・鎮痛作用

素材の選び方・漬け込み時期

1年通して入手できるので、いつでも漬け込めますが、おいしい時期は5～10月。さわやかな香りがする、収穫して時間がたっていないものを使いましょう。

飲み方・味わい方

魚や肉の煮込み料理やスープなどに料理酒として活用できます。飲むお酒として楽しむなら水割り、お湯割りがおすすめ。

作り方

1
ボウルに水を張って微弱の流水を続けながらタイムをやさしく洗い、キッチンペーパーで水けをふきとり、10cm長さに切る。

2
容器にタイム、ローリエ、氷砂糖を入れ、ホワイトリカーを注ぐ。

3
1カ月後にタイム、ローリエをとり出す。

MEMO　香りの主成分はチモールやカルバクロールで、加熱しても風味が落ちないので、煮込み料理と相性バツグンです。

タイム酒（乾燥）

数あるハーブの中で最も抗菌力が強いハーブです。
名前の由来はギリシャの「thyo」（良い香り）。乾燥のタイムを使ったお酒は、
生のタイム酒とくらべて漬け込み期間は短くになります。

●**おすすめの容器と材料**

保存容器	800mℓ
タイム（乾燥）	20g
白ワイン	150mℓ
ホワイトリカー	330mℓ

●**DATA**

［飲みごろ］ 1カ月後から
［コスト］ 安　中　高
［味］ タイム特有の深みのある強い味
［アレンジする場合のおすすめのベース酒］
焼酎（25度）
［効能］ 抗菌作用・防腐作用・疲労回復・消化促進・咳止め・鎮痛作用

素材の選び方・漬け込み時期

いつでも入手で可能。賞味期限が近いものは避けましょう。熟成期間は長いほど◎。

飲み方・味わい方

ジンジャーエール割りで、ピリッとくる辛みをアクセントに。タイムが「魚のハーブ」と言われており、タイム酒を白身魚の包み焼きやソテー、フリットなどに使うと風味がアップします。

作り方

1

容器にタイムを入れ、白ワイン、ホワイトリカーを注ぐ。

2

1カ月後にタイムをこす。

MEMO　古代エジプトではミイラの防腐剤として使用されていた、といわれるぐらい、タイムは抗菌・防腐作用に優れています。

1カ月後　1週間後　当日

ダンデライオン酒

ダンデライオンは別名「西洋たんぽぽ」。焙煎した根は、香ばしく、近ごろはノンカフェインのコーヒー「たんぽぽコーヒー」として知られています。体内の毒素や老廃物の排出を促すデトックス作用があります。お酒にしても独特の甘みを楽しめます。

●おすすめの容器と材料

保存容器	500mℓ
ダンデライオン（根・乾燥）	25ｇ
焼酎（アルコール度数25度）	475mℓ

●DATA

［飲みごろ］　1カ月後から

［コスト］　安　中　高

［味］　独特で強めの甘みがある

［アレンジする場合のおすすめのベース酒］
ダークラム、ブランデー

［効能］　解毒作用・利尿作用・消化促進・食欲増進・美肌

素材の選び方・漬け込み時期

ハーブ専門店やインターネット通販などでいつでも入手可能です。

飲み方・味わい方

お湯割りにしてハーブティーのように。また、牛乳割りにするとまろやかさが加わり、やさしい味わいが楽しめます。

作り方

1

容器にダンデライオンを入れ、焼酎を注ぐ。

2

1カ月後にダンデライオンをこす。

MEMO　西洋たんぽぽは、ビタミン、鉄分、カリウムなどを含んでおり、ヨーロッパでは「自然の薬局」といわれるほど、効能が高いハーブのひとつです。

1カ月後　1週間後　当日

ディル酒

ディルは「魚のハーブ」と呼ばれ、スモークサーモンやニシンなどを使った魚料理と相性が抜群。
生のディルと同様、ディル酒もさわやかな香りがありますが、
香り成分のカルボンやリモネンは食欲増進や消化を促す働きがあるとされています。

●**おすすめの容器と材料**

保存容器	800mℓ
ディル(生)	20g
氷砂糖	10g
ホワイトリカー	470mℓ

●**DATA**

[飲みごろ] 1カ月後から
[コスト] 安　中　高
[味] さわやかな香りと強めの甘みがある
[アレンジする場合のおすすめのベース酒] ブランデー
[効能] 食欲増進・消化促進・鎮静作用・利尿作用・不眠症改善

素材の選び方・漬け込み時期

鮮やかな緑色で、しんなりしていないものを使用。年じゅう収穫されています。

飲み方・味わい方

食欲がないときに、水割りや炭酸水割り(お好みでレモン汁を加えても)で飲むとすっきり。料理酒として、スモークサーモンのサラダや白身魚のムニエルなどの魚料理のほか、ピクルス、カルパッチョソースの風味づけにも使えます。

作り方

1
ボウルに水を張ってディルを入れ、流水でよく洗い、キッチンペーパーで水けをふきとる。

2
容器にディル、氷砂糖を入れ、ホワイトリカーを注ぐ。

3
2週間後にディルをとり出す。

MEMO 茎、花、種子のすべてが、さわやかですがすがしい香りのするディル。いずれも酢と相性がよく、酸味のある料理に用いられます。

ドライミント酒

ミントのエキスを効率よくお酒に抽出するなら、生よりも乾燥タイプです。
乾燥の漬け込み酒はミントならではの清涼感をしっかりと感じることができます。
白ワインとホワイトリカーをブレンドし、ほのかな酸味とうまみがプラスされています。

●おすすめの容器と材料

保存容器	800㎖
ミント（乾燥）	10g
氷砂糖	20g
白ワイン	150㎖
ホワイトリカー	320㎖

●DATA

［飲みごろ］ 1カ月後から
［コスト］ 安　中　高
［味］ 甘くてさわやかな味わい
［アレンジする場合のおすすめのベース酒］
ウォッカ、ジン
［効能］ 抗菌作用・利尿作用・消化促進・リラックス効果・不眠症改善

素材の選び方・漬け込み時期

乾物も鮮度が重要です。賞味期限は長めですが、香りのよいものをできるだけ早く使いましょう。漬け込み時期はいつでもOK。乾燥ならどのタイプのミントでも。

飲み方・味わい方

炭酸水割り、アイスティー割りにすると清清涼感があり、暑い季節にぴったり。

MEMO ドライハーブには消臭、抗菌、防虫効果があるので、食べる以外にもポプリとして靴箱においたり、入浴剤として使うったりするのも効果的です。

作り方

1

容器にミント、氷砂糖を入れ、白ワイン、ホワイトリカーを注ぐ。

2

2週間後にミントをこす。

1カ月後　1週間後　当日

ドライローズマリー酒

乾燥のローズマリーを使うことで、生葉の酒よりも漬け込み時間が短縮できます。
ローズマリーの香りはやや強めですが、赤ワインを加えたことで、
まろやかで飲みやすい仕上がりに。赤ワイン効果で肉料理がいっそうおいしくなります。

●おすすめの容器と材料

保存容器	500mℓ
ローズマリー（乾燥）	20g
赤ワイン	150mℓ
ホワイトリカー	330mℓ

●DATA

［飲みごろ］ 1カ月後から
［コスト］ 安　中　高
［味］ まろやか
［アレンジする場合のおすすめのベース酒］
ブランデー、ウォッカ
［効能］ 滋養強壮・抗菌作用・血行促進・精神安定・消化促進・抗酸化作用・美肌

素材の選び方・漬け込み時期

乾燥しているので、時期に関係なくいつでも漬け込めます。賞味期限にかかわらず、できるだけ新しい香りのよいものを使いましょう。

飲み方・味わい方

薬酒としてなら、20mℓほどの量を常温で飲みましょう。ローズマリーの強い香りはスッキリとした炭酸水割りとも合います。赤ワイン入りのため、肉料理との相性は抜群です。

作り方

1
容器にローズマリーを入れ、赤ワイン、ホワイトリカーを注ぐ。

2
2週間後にローズマリーをこす。

MEMO　ドライローズマリーに限りませんが、乾燥スパイスはお酒に漬け込んで使うと、劣化を防ぐことができ、エキスは浸出しやすくなります。

1カ月後　1週間後　当日

チャービル酒

ヨーロッパでは「美食家のパセリ」と呼ばれるチャービル。ケーキやサラダ、スープなどの飾りつけなど、幅広く使われています。味にインパクトはありませんが、漬け込み酒でも甘い香りを味わえます。また、料理酒としても活用できます。

●おすすめの容器と材料

保存容器	800㎖
チャービル（生）	15～30ｇ
氷砂糖	20ｇ
ホワイトリカー	465㎖

●DATA

［飲みごろ］ 2カ月後から

［コスト］ 安　中　高

［味］ 甘みの後にチャービル特有のうまみがくる

［アレンジする場合のおすすめのベース酒］ ウォッカ、ジン

［効能］ 疲労回復・抗酸化作用・消化促進・血行促進・生活習慣病予防・美肌

素材の選び方・漬け込み時期

3～6月、9～10月に収穫されます。色が鮮やかで、香りのよいものを使います。

飲み方・味わい方

柑橘のフルーツジュースや「グリーンレモン酒」（P．49）などの果実酒と合わせると甘みと酸味が調和し、おいしさアップ。炭酸水割りもおすすめ。肉や魚料理のソースやオムレツ、ドレッシングの隠し味にと使いみちもいろいろ。

MEMO　クセが少なく、生でも食べやすいチャービル。カロテン、ビタミン、鉄、マグネシウムなど豊富な栄養素が含まれているので、免疫力の強化作用があります。

作り方

1

ボウルに水を張ってチャービルを入れ、流水でよく洗い、キッチンペーパーで水けをふきとる。

2

容器にチャービル、氷砂糖を入れ、ホワイトリカーを注ぐ。

3

2週間後にチャービルをとり出す。

つくし酒

春になると、日本各地の地下茎から出現する、生命力の強い野草です。
和名は杉菜（スギナ）。ほろ苦い味わいと草の香りがするつくし酒は、
ミネラルをはじめとする栄養成分が豊富。薬酒として上手に活用してください。

●おすすめの容器と材料

保存容器……800mℓ
つくし（乾燥）……10ｇ
焼酎（アルコール度数25度）……490mℓ

●DATA

［飲みごろ］１カ月後から
［コスト］（安）　中　高
［味］野草特有のほろ苦さがある
［アレンジする場合のおすすめのベース酒］ブランデー
［効能］殺菌作用・血行促進・脂肪燃焼・リフックス効果・むくみ緩和・美肌

素材の選び方・漬け込み時期

つくしが収穫されるのは3～4月ですが、乾燥なら漬けたいときにいつでも漬け込めます。

飲み方・味わい方

そのままだと苦みがあるので、少量をジンジャーエール割りや牛乳割りにすることで飲みやすくなります。

作り方

1
容器につくしを入れ、焼酎を注ぐ。

2
２週間後につくしをとり出し、こす。

MEMO　つくしは植物由来のアルカロイドという毒性のある有機化合物を多く含んでいます。少量なら問題はありませんが、毎日、多量に摂取することは避けましょう。

１カ月後　１週間後　当日

スティックフェンネル酒

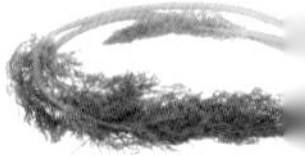

イタリアのフェンネルを日本人好みに改良して生まれたのが、スティックフェンネル。
薬用酒も、クセがなくて飲みやすく、さわやかな香りがします。
その香り成分には消化促進や健胃、消臭などの働きがあるとされています。

●おすすめの容器と材料

保存容器……800mℓ
スティックフェンネル……80g（葉20g、茎60g）
ホワイトリカー……420mℓ

●DATA

［飲みごろ］　2カ月後から
［コスト］　安　中　高
［味］　さわやかでクセがない
［アレンジする場合のおすすめのベース酒］
ウォッカ
［効能］　胃健・消化促進・消臭作用・高血圧予防・利尿作用・むくみ緩和

素材の選び方・漬け込み時期

茎から葉先まで張っていて、みずみずしく、黄緑色をしたものが新鮮。古いものは黄色に変色しています。手に入るのは3～5月、7～11月。

飲み方・味わい方

味や香りに強い主張はないので、シンプルな水割りや炭酸水割りでも、ジュースや果実酒とブレンドしても◎。

MEMO　スティックフェンネルは、新鮮なうちにお酒に漬け込むと、腐敗を防ぐだけでなく、時間とともに熟成されるメリットがあります。

作り方

1
ボウルに水を張ってスティックフェンネルを入れ、流水でよく洗い、キッチンペーパーで水けをふきとる。

2
容器にスティックフェンネルを入れ、ホワイトリカーを注ぐ。

3
1カ月後にスティックフェンネルをとり出す。

1カ月後　1週間後　当日

スペアミント酒

スペアミントは、歯磨き粉やガムの香りによく使用されているハーブ。
お酒に漬け込むと香りがやさしくなり、氷砂糖によりほのかな甘みがありますが、口にした後のすっきりとした爽快感はミントならでは。抗菌作用や消化を促進する働きが期待できます。

●おすすめの容器と材料

保存容器	800mℓ
スペアミント（生）	10～30ｇ
レモン	1/2個
氷砂糖	20ｇ
ホワイトリカー	420mℓ

●DATA

［飲みごろ］ 1カ月後から

［コスト］ 安　中　高

［味］ 甘みの後からスーッとくる爽快感

［アレンジする場合のおすすめのベース酒］ ジン

［効能］ 抗菌作用・防虫作用・皮膚炎の鎮静・消化促進・リフレッシュ効果

素材の選び方・漬け込み時期

しっかりと香りがあり、葉はみずみずしくハリがあって濃い緑色をしたものを使用しましょう。多く収穫されるのは6～9月です。

飲み方・味わい方

水割りやお湯割り、炭酸水割りで、さわやかな香りと清涼感のある、のどごしを味わってください。

作り方

1

ボウルに水を張ってスペアミントを流水でよく洗い、キッチンペーパーで水けをふきとる。

2

レモンはよく洗い、皮ごと5㎜幅の輪切りにする。

3

容器にスペアミント、レモン、氷砂糖を入れ、ホワイトリカーを注ぐ。

4

2週間後にスペアミントをとり出す。

MEMO スペアミントは、600種以上あるといわれているミントの中でも、すっきりとさわやかな香りでほんのりと甘みが混ざっていることが特徴です。

1カ月後　1週間後　当日

バードック酒

パードックとは、ごぼうのこと。日本では野菜として料理に使いますが、
海外では利尿作用がある薬草として活用されています。パードックを漬け込んだお酒は、
ごぼう特有の土くさい素朴な香りがします。水溶性食物繊維が豊富です。

●おすすめの容器と材料

保存容器	500mℓ
バードック	30g
焼酎（アルコール度数25度）	470mℓ

●DATA

［飲みごろ］　1カ月後から
［コスト］　安　中　高
［味］　ごぼうの味が強く、天然の甘みがある
［アレンジする場合のおすすめのベース酒］
ウォッカ
［効能］　解毒作用・便秘解消・利尿作用・抗菌作用・浄血作用

素材の選び方・漬け込み時期

乾燥しているので、いつでも漬け込むことができます。

飲み方・味わい方

水割りやお湯割りでもいいですし、牛乳割りやホットミルク割りはお酒がまろやかになって意外にも合います。

作り方

1
容器にバードックを入れ、焼酎を注ぐ。

2
1カ月後にバードックをこす。

MEMO　ごぼうを食用としている国はとても少なく、中国やヨーロッパでは生薬として利用されてきた歴史があります。

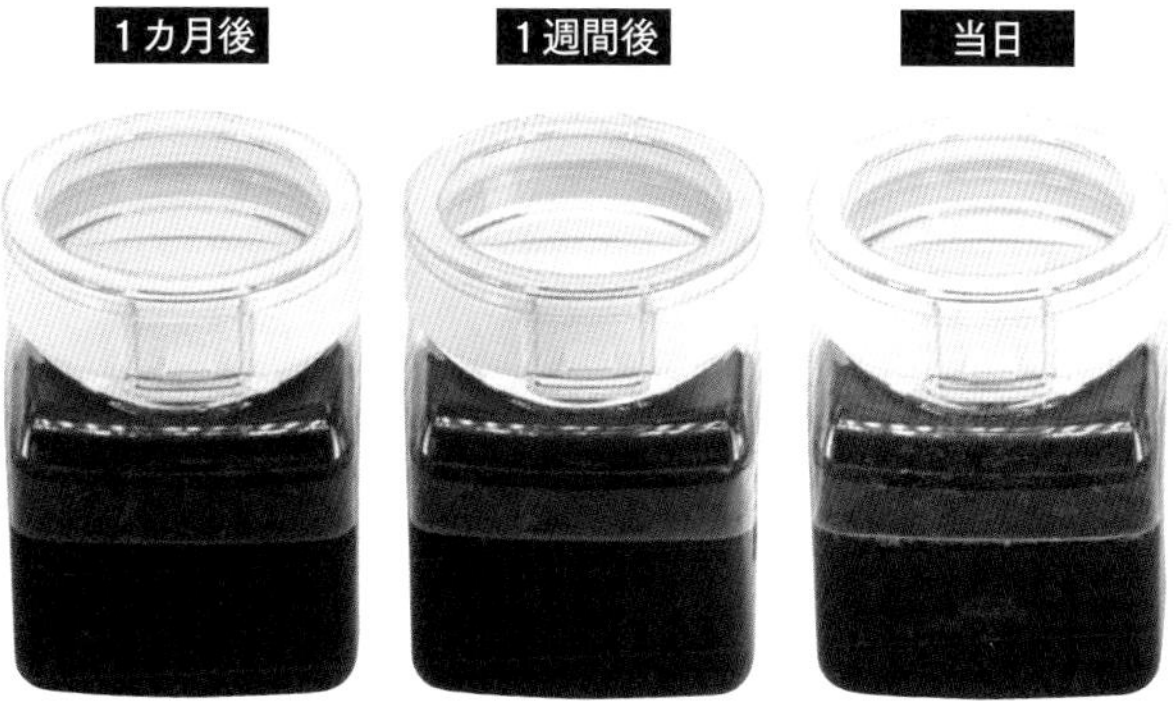

ハイビスカス酒

古代エジプトの女王・クレオパトラも、お茶として使用していたと伝わるハイビスカス。
美容に欠かせないビタミンCがたっぷり含まれています。
ハイビスカス酒も酸味のある味わいがあり、華やかな色とほんのり甘い香りを堪能できます。

●おすすめの容器と材料

保存容器	800mℓ
食用ハイビスカス（乾燥）	20g
レモン	1/2個
氷砂糖	30g
ホワイトリカー	430mℓ

●DATA

［飲みごろ］ 2カ月後から
［コスト］ 安　中　高
［味］ 甘酸っぱい
［アレンジする場合のおすすめのベース酒］
泡盛、ブランデー
［効能］ 疲労回復・眼精疲労緩和・利尿作用・美肌・便秘解消・コレステロール低下

素材の選び方・漬け込み時期

乾燥なのでいつでも漬け込み可能ですが、乾燥とはいえども鮮度は大事。乾燥加工されてさほど時間がたっていない、鮮やかな赤色のものを選んでください。

飲み方・味わい方

ビールやハイボールに少量を注ぐと、パッと華やかな赤い色と香りが楽しめます。

MEMO ハイビスカスはノンカフェインなので、就寝前のリラックスタイムに最適です。

2カ月後　1週間後　当日

作り方

1
ハイビスカスはごみやほこりがついていたら、ホワイトリカー適量（分量外）をかけてふるい落とす。

2
レモンは皮をむき、1.5㎝幅の輪切りにする。

3
容器に氷砂糖、ハイビスカス、レモンを入れ、ホワイトリカーを注ぐ。

バジル酒

イタリア料理でおなじみのハーブですが、原産地のインドでは、心を鎮めて気力を高める強壮剤として重宝されています。いろいろな品種がありますが、この本ではスイートバジルを使用。バジルの味がしっかり抽出されています。

●おすすめの容器と材料

保存容器……500mℓ
スイートバジル(生)……30g
ホワイトリカー……470mℓ

●DATA

[飲みごろ] 1カ月後から
[コスト] (安　中　高)
[味] ほのかな辛みと渋みがある
[アレンジする場合のおすすめのベース酒]
ウォッカ
[効能] 抗菌作用・解熱作用・消化促進・鎮静作用・精神安定・食欲増進・抗アレルギー作用

素材の選び方・漬け込み時期

旬は7~8月。葉が濃い緑色で、ハリがあるものを漬け込みましょう。

飲み方・味わい方

薬酒として飲むなら、20mℓほどの量を常温ストレートで。バジルはトマトと相性がよいので、トマトソースの隠し味に使えばおいしさアップ。またドレッシングやマリネ液に加えて風味をつけるのもよいでしょう。

作り方

1
ボウルに水を張ってバジルを入れ、流水でよく洗い、キッチンペーパーで水けをふきとる。

2
容器にバジルを入れ、ホワイトリカーを注ぐ。

3
2週間後にバジルをとり出す。

MEMO　バジルは種からでも比較的簡単に栽培でき、長いあいだ収穫が楽しめるので、家庭菜園におすすめのハーブです。

1カ月後　1週間後　当日

バラ酒

豪華で美しいバラはお酒に漬け込んでも華やかに。バラ酒は味の主張は強くありませんが、香りは甘くて上品。バラ酒の香りは不安や恐れをやわらげる力があるといわれています。お酒が好きな人に、お祝い酒などとして贈ると喜ばれそうです。

●おすすめの容器と材料

保存容器	800mℓ
バラ（ローズティー・乾燥）	20g
焼酎（アルコール度数25度）	480mℓ

●DATA

［飲みごろ］ １カ月後から

［コスト］ 安　中　高

［味］ ほのかに甘みがある

［アレンジする場合のおすすめのベース酒］

ブランデー

［効能］ 滋養強壮・便秘解消・免疫力向上・鎮静作用・更年期障害緩和・美肌

素材の選び方・漬け込み時期

ピンクや赤、青など、さまざまな色がありますが鮮やかに発色していて、香りがよいものを選んでください。いつでも漬け込めます。

飲み方・味わい方

上品なバラの香りを存分に味わうために、水割りやお湯割り、炭酸水割りで飲むのがおすすめ。

作り方

1

容器にバラを入れ、焼酎を注ぐ。バラが浮いてくる場合は、ラップをふんわり丸めてふたをする。

2

２週間後にバラをとり出す。

MEMO 古代ローマでは、バラを食べると幸せになる、という言い伝えがあり、クレオパトラもこよなく愛していたといわれています。

１カ月後　１週間後　当日

パンジー酒

エディブルフラワー（食べられる花）のパンジーは、観賞用のパンジーより小ぶりです。
どの色も鮮やかです。「パンジー酒」はクセがなく、ほんのりと甘く、
ほのかにフローラルな香りがして、この一杯でリラックスできます。

素材の選び方・漬け込み時期

必ず食用のものを選んでください。旬は11月~翌6月。鮮度が落ちるのが早いので、いきいきとしたものを購入し、早めに漬け込みましょう。

飲み方・味わい方

20㎖ほどの量を常温で飲むと、やさしい甘みと香りが楽しめます。アイスティー割りやジンジャーエール割りもおすすめ。

●おすすめの容器と材料

保存容器	500㎖
パンジー（食用）	10ｇ
氷砂糖	20ｇ
ホワイトリカー	270㎖

●DATA

［飲みごろ］ １カ月後から
［コスト］ 安　中　高
［味］ ほのかに甘みがある
［アレンジする場合のおすすめのベース酒］
ブランデー
［効能］ 解毒作用・血行促進・抗炎症作用・美肌

作り方

1

容器にパンジー、氷砂糖を入れ、ホワイトリカーを注ぐ。

2

２週間後にパンジーをとり出し、こす。

MEMO　パンジーはレタスのような、淡泊でクセのない味わいで、ビタミン類が豊富に含まれています。

藤の花酒

藤の花は、古くから和歌や短歌に用いられてきました。別名は野田藤（ノダフジ）。
より深く、藤の花の味や香りを楽しむために、氷砂糖で甘みを加えました。
やさしく落ち着いた香り、琥珀のような色みで、気品のあるお酒に仕上がります。

●おすすめの容器と材料

保存容器……………………………………800mℓ
藤の花（食用・乾燥）………………………5g
氷砂糖………………………………………15g
焼酎（アルコール度数25度）……………480mℓ

●DATA

［飲みごろ］ 1カ月後から
［コスト］ 安　中　高
［味］ 氷砂糖のしっかりとした甘みがある
［アレンジする場合のおすすめのベース酒］ ブランデー
［効能］ 抗酸化作用・生活習慣病予防・がん予防・美肌

素材の選び方・漬け込み時期

乾燥しているものは年じゅうインターネット通販などで入手して漬け込むことができます。

飲み方・味わい方

お酒に甘い味と香りがあるため、かすかな渋みを持つウーロン茶やアイスティーで割ると調和しておいしさアップ。

作り方

1

容器に藤の花、氷砂糖を入れ、焼酎を注ぐ。

2

1週間後に藤の花をとり出し、こす。

MEMO　4月から5月ころ、滝のように下に垂れさがる、可憐で美しい藤の花。藤棚を鑑賞できる名所は、東北から九州まで各地にたくさんあります。

1カ月後　1週間後　当日

ブラックペパーミント酒

鼻の奥までスーッとするような、強い香りが特徴のブラックペパーミント。
ハチミツと氷砂糖をも漬け込むことでさわやかな甘みのある酒になります。
香りは強くありませんが、ブラックペパー特有の辛みも感じられ、さわやかな飲み口です。

●おすすめの容器と材料

保存容器	800mℓ
ブラックペパーミント(生)	5～20g
ハチミツ	大さじ1
氷砂糖	15g
ホワイトリカー	465mℓ

●DATA

[飲みごろ] 2カ月後から
[コスト] 安　中　高
[味] さわやかな甘みと辛みがある
[アレンジする場合のおすすめのベース酒]
ジン
[効能] 抗菌作用・利尿作用・花粉症予防・消化促進・リフレッシュ効果

素材の選び方・漬け込み時期

葉先までハリがあり、みずみずしいものを使います。いつでも入手できますが、おもに収穫される時期は6～9月です。

飲み方・味わい方

シンプルな水割りや炭酸水割りがさわやかな甘さと辛さを楽しめます。

作り方

1
ボウルに水を張ってブラックペパーミントを入れ、流水でよく洗い、キッチンペーパーで水けをふきとる。

2
容器にブラックペパーミント、ハチミツ、氷砂糖を入れ、ホワイトリカーを注ぐ。

3
2週間後にブラックペパーミントをとり出す。

MEMO　ブラックペパーミントは種類の多いミントの中でも、メンソール系の強い香りがします。またガムの香りに使用するのがこのブラックペパーミントです。

2カ月後　1週間後　当日

ブルーマロウ酒

「ウスベニアオイ」とも呼ばれる多年草の花であるブルーマロウは、お酒に漬けると最初はさわやかな青色に。その後、澄んだ紫色になりますが、すぐに色は落ち着きます。やや野生の香りがしますが、飲むと口当たりがよく、甘さの後にほろ苦さがあります。

●おすすめの容器と材料

保存容器	800mℓ
ブルーマロウ(乾燥)	5g
焼酎(アルコール度数25度)	495mℓ

●DATA

［飲みごろ］ 1カ月後から
［コスト］ 安　中　高
［味］ 甘みと軽い苦みがある
［アレンジする場合のおすすめのベース酒］
ブランデー、日本酒
(アルコール度数20度以上)
［効能］ 抗酸化作用・利尿作用・便秘解消・下痢予防・抗炎症作用・眼精疲労緩和

素材の選び方・漬け込み時期

乾燥のものならいつでも入手できるため、年じゅう漬け込み可能。ただし乾燥でも鮮度は少しずつ落ちていくので、手に入れたら早めに漬け込むようにしましょう。

飲み方・味わい方

水割り、お湯割りで味わうことがおすすめ。糖類は入っていないので飲むときに好みでハチミツや砂糖を入れてください。

作り方

1
容器にブルーマロウを入れ、焼酎を注ぐ。

2
1カ月後にブルーマロウをこす。

MEMO ブルーマロウは本来、風味よりも色の変化を楽しむハーブ。ハーブティーにすると、青色から紫色に色が変わり、レモン汁を加えるとピンク色になります。

1カ月後　1週間後　当日

マリーゴールド酒

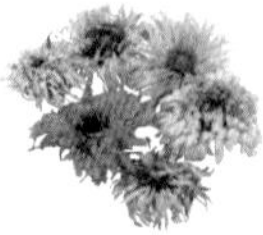

聖母マリアの祝日に、いつも咲いていたことから
欧米では「マリアさまの黄金の花」＝
「マリーゴールド」と呼ばれるようになりました。
マリーゴールド酒は、香りはほとんどなく、
甘みの後に苦みがくる、さっぱりとした味わいです。

素材の選び方・漬け込み時期

乾燥したものならいつでも漬け込むことができます。乾燥させた花も鮮度と香りが大切。香りよく、色が鮮やかなものを選んでください。

飲み方・味わい方

水割りやお湯割りで、甘みと苦みのバランスのよさを感じましょう。

●おすすめの容器と材料

保存容器	800mℓ
マリーゴールド(乾燥)	10g
ハチミツ	10g
焼酎(アルコール度数25度)	480mℓ

●DATA

[飲みごろ] 1カ月後から
[コスト] (安　中　高)
[味] 甘みと苦みがある
[アレンジする場合のおすすめのベース酒]
ブランデー
[効能] 抗菌作用・発汗作用・利尿作用・風邪予防・月経前症候群緩和・皮膚粘膜修復

作り方

1

容器にマリーゴールド、ハチミツを入れ、焼酎を注ぐ。

2

1週間後にマリーゴールドをとり出し、こす。

1カ月後

当日

ラベンダー酒

語源はラテン語の「洗う」。古代ローマでは入浴や洗濯の際、
香り豊かなラベンダーを入れることを好んだためといわれています。
花酒は味や香りの薄いものが多いなか、ラベンダー酒は
強い華やかな香りがあり、リラックス効果があります。

素材の選び方・漬け込み時期

色がくすんでいない、鮮度のよいものを選んでください。乾燥のものなので、いつ漬けても大丈夫です。

飲み方・味わい方

20mℓほどの量を常温ストレートで、ラベンダーの濃厚な香りを満喫してください。水割りやお湯割りでも。

●おすすめの容器と材料

保存容器	800mℓ
ラベンダー(乾燥)	15g
氷砂糖	15g
焼酎(アルコール度数25度)	470mℓ

●DATA

[飲みごろ] 1カ月後から
[コスト] (安　中　高)
[味] 甘さの後にほろ苦さがくる
[アレンジする場合のおすすめのベース酒]
日本酒
(アルコール度数20度以上)
[効能] 疲労回復・殺菌作用・不眠症改善・リラックス効果・冷え症緩和・美肌

作り方

1

容器にラベンダー、氷砂糖を入れ、焼酎を注ぐ。

2

1週間後にラベンダーをとり出し、こす。

1カ月後

当日

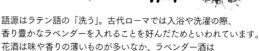

レモングラスの茎酒

タイでは、レモングラスの葉は食べず、茎を食用としています。
レモングラスの茎や根元はタイのトムヤムクン、ベトナムのフォーなどによく使われています。
葉のお酒と比べて、より爽快感のある味わい。

素材の選び方・漬け込み時期

5～10月が旬です。根元の切り口が白いものを選びましょう。茶色いものは鮮度が落ちています。

飲み方・味わい方

ロック、水割り、炭酸水割りなどで、レモングラスの茎ならではの酸味を楽しみましょう。

●おすすめの容器と材料

保存容器	500mℓ
レモングラスの茎	25g
氷砂糖	20g
ホワイトリカー	455mℓ

●DATA

［飲みごろ］　2カ月後から
［コスト］　安　中　高
［味］　やや甘いレモンの味
［アレンジする場合のおすすめのベース酒］
ウォッカ、テキーラ
［効能］　消化促進・貧血予防・抗菌作用・防虫効果・精神安定・美肌

MEMO　レモングラスの茎は手に入りにくいので、入手できたら新鮮なうちにカットして密閉袋に入れて、冷凍保存すると長持ちさせることができます。

作り方

1
レモングラスの茎は軽くこすり洗いし、キッチンペーパーで水けをふきとり、5～6㎝長さに切る。

2
容器にレモングラスの茎、氷砂糖を入れ、ホワイトリカーを注ぐ。

3
2カ月後にレモングラスの茎をとり出す。

レモングラスの葉酒

レモングラスは「アジアの薬草」と言われ、葉の部分はハーブティー用として使われています。
とくにリフレッシュしたいときにおすすめです。
レモンと同じシトラールという芳香成分を含み、酸味はレモンよりもおだやか。

●おすすめの容器と材料

保存容器	500㎖
レモングラスの葉(生)	15g
ハチミツ	30g
ホワイトリカー	455㎖

●DATA

［飲みごろ］ 2カ月後から
［コスト］ 安　中　高
［味］ 甘くすっきりとしたレモンの味
［アレンジする場合のおすすめのベース酒］
ウォッカ、テキーラ
［効能］ 消化促進・貧血予防・抗菌作用・防虫効果・精神安定・美肌

素材の選び方・漬け込み時期

5～10月が旬です。青々とした、みずみずしいものを早めに漬け込みましょう。

飲み方・味わい方

レモンのような酸味を生かして、ロック、炭酸水割り、ビールやハイボールにプラス。ナンプラーやココナッツミルクと相性がよいので、グリーンカレーやエスニックサラダのドレッシングの風味づけに。

作り方

1

ボウルに水を張ってレモングラスを入れ、微弱の冷水でやさしく洗い、キッチンペーパーで水けをふきとる。上下の変色している部分を切り落とし、5～6㎝長さに切る。

2

容器にレモングラス、ハチミツを入れ、ホワイトリカーを注ぐ。

3

2カ月後にレモングラスの茎をとり出す。

MEMO 乾燥させたレモングラスの茎は、多く流通していますが、生と比べるとさわやかさが足りません。

2カ月後　1週間後　当日

ローゼル酒

一般的に飲まれているハイビスカスティーの原料です。大きな種を包む紅紫色のガクとホウを食用にします。濃いピンク色に染まったローゼル酒は、甘酸っぱい味と香りがいっぱい。ビタミンCやクエン酸が含まれるので、体が疲れたときにぜひ。

●おすすめの容器と材料

保存容器	800㎖
ローゼル（生食用）	60ｇ
氷砂糖	40ｇ
ホワイトリカー	400㎖

●DATA

［飲みごろ］　1カ月後から
［コスト］　安　中　高
［味］　甘みよりは酸味が強め
［アレンジする場合のおすすめのベース酒］
テキーラ
［効能］　疲労回復・眼精疲労緩和・利尿作用・便秘解消・下痢予防・美肌

素材の選び方・漬け込み時期

収穫時期は11～12月。鮮度が落ちないうちに収穫後は早めに漬け込みましょう。

飲み方・味わい方

疲れぎみの日は20㎖ほどの量を常温でどうぞ。ローゼル酒の甘酸っぱさは炭酸水割りともよく合います。「ハイビスカス酒」（P142）とブレンドしてもよいでしょう。バニラアイスにかければ大人のデザートになります。

MEMO　ローゼルを使ったローゼルジャムは絶品です。ローゼル100ｇ、水100㎖、グラニュー糖50ｇの材料を煮つめるだけと作り方も簡単です。

1カ月後　1週間後　当日

作り方

1
ローゼルのガクを切り落とし、切り口に菜箸を入れて、種を押し出す。

2
ボウルに水を張ってローゼルのガクとホウを入れて流水で洗い、内側の汚れをとり除き、水けをふきとる。

3
容器にローゼル、氷砂糖を入れ、ホワイトリカーを注ぐ。

4
2週間後にローゼルをとり出し、こす。

ローズヒップ酒

ローズヒップはバラの果実のこと。お酒は美しいボルドー色になります。
「ビタミンCの爆弾」と言われるほど、ビタミンCをはじめとするビタミン類が豊富。
ローズヒップ酒はフルーティーな香りと、ここちよい酸味と甘みを楽しめます。

●おすすめの容器と材料

保存容器	500mℓ
ローズヒップ(乾燥)	30g
レモン	1/2個
ハチミツ	小さじ2
氷砂糖	30g
ホワイトリカー	400mℓ

●DATA

[飲みごろ] 2カ月後から
[コスト] 安　中　高
[味] フルーティな酸味と甘みがある
[アレンジする場合のおすすめのベース酒]
ブランデー、ウイスキー
[効能] 疲労回復・便秘解消・ホルモン調整作用・貧血予防・利尿作用・美肌

素材の選び方・漬け込み時期

賞味期限にかかわらず、製造日が新しく、香りがあり、色に鮮やかさがあるものを選びましょう。ハーブ専門店などで年じゅう購入できます。

飲み方・味わい方

レモンで酸味、ハチミツや氷砂糖で甘みを加えているので、ストレートでも飲みやすいです。水割りやお湯割り、またはアイスティー割りも◎。

MEMO　ローズヒップは便秘解消が期待できる反面、飲み過ぎると下痢になることもあるので、1回につき20mℓ程度を目安にしてください。

作り方

1

レモンは皮をむき、1cm幅の輪切りにする。

2

容器にローズヒップ、レモン、ハチミツ、氷砂糖を入れ、ホワイトリカーを注ぐ。

3

1カ月後にローズヒップ、レモンをとり出す。

1カ月後

1週間後

当日

ローズマリー酒（生）

針葉樹に似た強い香りがするお酒です。
香り成分には滋養強壮や消化促進などの働きがあり、薬酒として活用できます。
肉料理の下ごしらえでローズマリー酒を肉にふると、肉のくさみを消し、うまみも倍増します。

●おすすめの容器と材料

保存容器	800mℓ
ローズマリー（生）	15g
ピンクペッパー（好みで）	20粒
氷砂糖	20g
ホワイトリカー	455mℓ

●DATA

［飲みごろ］　2カ月後から
［コスト］　安　中　高
［味］　甘くてほのかに苦みもある
［アレンジする場合のおすすめのベース酒］
ブランデー、ウォッカ
［効能］　滋養強壮・抗菌作用・血行促進・精神安定・消化促進・抗酸化作用・美肌

素材の選び方・漬け込み時期

葉が肉厚なものを選びましょう。季節を問わず入手可能です。

飲み方・味わい方

水割り、お湯割り、炭酸水割りでローズマリーの香りをしっかり感じながらリラックス。煮込み料理の料理酒としてにんにく酒（P106）やお好みの果実酒などといっしょに使うと風味がアップします。

作り方

1

ローズマリーは水洗いして水けをきり、変色している部分や傷ついている部分はとり除く。

2

容器にローズマリーを入れ、氷砂糖、ピンクペッパーホワイトリカーを注ぐ。

MEMO　生のローズマリーは、ハーブティーを抽出した後にそのまま10分ほど煮出して、こすと入浴剤として使えます。

1カ月後　1週間後　当日

第4章

お茶酒

ウーロン茶酒

ウーロン茶に含まれるウーロン茶ポリフェノールは、脂質の吸収を抑える働きがあります。
脂肪がたまりにくくなり、ダイエットに効果的といわれています。
茶葉が持つパワーを焼酎にうつした、熟成ウーロンハイを楽しんでください。

●おすすめの容器と材料

保存容器……500mℓ
ウーロン茶の茶葉……20ｇ
焼酎（アルコール度数25度）……480mℓ

●DATA

［飲みごろ］１カ月後から
［コスト］（安　中　高）
［味］苦みの後に渋みが残る
［アレンジする場合のおすすめのベース酒］ウォッカ
［効能］コレステロール低下・抗酸化作用・抗菌作用・便秘解消・むくみ緩和・美肌

素材の選び方・漬け込み時期

ウーロン茶には凍頂ウーロンや東方美人、文山包種などさまざまな銘柄があります。それぞれ味や香りが違いますが、お好みの茶葉を漬けてください。

飲み方・味わい方

基本は水割りやお湯割り。桃酒（P41）とブレンドして水割りやお湯割りにすると、桃の華やかな甘さと香りが加わり、ふだんお酒を飲まない人にも好まれます。

作り方

1
容器にウーロン茶を入れ、焼酎を注ぐ。

2
１週間後に茶葉をとり出す。

MEMO　ウーロン茶を空腹時に飲むと、ウーロン茶に含まれるカフェインが胃を刺激。下痢や腹痛の原因になります。ウーロン茶は口の中をさっぱりさせる効果もあるので、ウーロン茶酒は食後酒として飲むのがおすすめです。

１カ月後　１週間後　当日

ココア酒

ココアは、カカオのポリフェノールの含有量が多く、その量は赤ワインのポリフェノールの2倍以上です。ココア酒にはラム酒を加え、コクとまろやかさをプラス。甘みがほしい人は飲むときに、好みで生クリームなどを加えましょう。

素材の選び方・漬け込み時期

ココアは加糖タイプではなく、純正のものを使いましょう。スーパーなどで手軽に購入できるのでいつでも漬け込めます。

飲み方・味わい方

ココアとミルクの相性は抜群。お湯割りにして生クリームを追加すると、やさしい甘みが仕上がります。牛乳割りにすれば口当たりがグッとまろやかになります。

●おすすめの容器と材料

保存容器	500mℓ
ココアパウダー	20g
ダークラム	100mℓ
焼酎(アルコール度数25度)	380mℓ

●DATA

[飲みごろ] 当日から
[コスト] 安　中　高
[味] 味や香りは薄いが、ラムのコクを感じる。やや粉っぽい
[アレンジする場合のおすすめのベース酒] ブランデー
[効能] 便秘解消・動脈硬化予防・冷え症改善・記憶力向上・認知症予防・安眠・美肌

MEMO　ココアには、漢方でいう「気」を体じゅうにめぐらせる働きがあります。「気」とは生命維持のためのエネルギー。「気」が不足すると起こりやすい低血圧や冷え症で朝の寝起きの悪い人に、ココア酒はよく合います。

作り方

1
容器にココアパウダーを入れ、ダークラム、焼酎を注ぐ。

2
ココアパウダーが底にたまりやすいので、ときどきかき混ぜる。

2カ月後　1週間後　当日

日向《ひゅうが》当帰《とうき》茶酒

セリ科の多年草。宮崎、大分、熊本の高山地のみに自生しています。
薬効の高さより、日本の朝鮮人参という意味で「日本山人参」と呼ばれています。
茶葉を漬けたお酒は薬草特有の苦みがあるものの、クセが少なくて飲みやすいです。

●おすすめの容器と材料

保存容器……500mℓ
日向当帰茶の茶葉……10ｇ
焼酎（アルコール度数25度）……490mℓ

●DATA

［飲みごろ］　1カ月後から
［コスト］　安　中　高
［味］　薬草特有の苦みがある
［アレンジする場合のおすすめのベース酒］
ウォッカ
［効能］　滋養強壮・血行促進・アレルギー症状抑制・抗炎症作用・高血圧予防・コレステロール低下・利尿作用・リラックス効果・美肌

素材の選び方・漬け込み時期

日向当帰茶は九州のごく一部で製造されているため、全国に流通していません。インターネットなどで購入してください。手に入ったら、風味が落ちないうちに早めに漬け込みましょう。

飲み方・味わい方

ハトムギ茶や玄米茶で割ると苦みがおさえられて、飲みやすくなります。

作り方

1

容器に当帰茶を入れ、焼酎を注ぐ。

2

2週間後に茶葉をとり出す。

MEMO　日向当帰の根は薬事指定されていて購入できませんが、葉や茎も根に匹敵するぐらい、豊富な栄養成分が含まれています。使用した茶葉は入浴剤として再利用することができます。

1カ月後　1週間後　当日

マテ茶酒

パラグアイのグァラニ族が、活力を与える不思議な木として飲み始めたマテ茶。
肉中心の食生活を送る南米の人々が、野菜不足を補うためのお茶で
「飲むサラダ」と呼ばれています。ビタミン類、鉄分、亜鉛などの栄養素が豊富です。

●おすすめの容器と材料

保存容器……800mℓ
マテ茶の茶葉……15ｇ
焼酎（アルコール度25度）……485mℓ

●DATA

［飲みごろ］ 1カ月後から
［コスト］ 安　中　高
［味］ ほのかに甘みと渋みがある
［アレンジする場合のおすすめのベース酒］ ウォッカ
［効能］ 疲労回復・眼精疲労緩和・血行促進・利尿作用・消化促進・美肌

素材の選び方・漬け込み時期

マテ茶は2種類あり、緑茶のような味わいのグリーンマテ茶、やや香ばしさがあるローストマテ茶があります。今回はグリーンを使用しましたが、好みで選んでください。漬け込む時期はいつでも。

飲み方・味わい方

水割り、お湯割りにして飲むのがおすすめ。渋味が少ないので、好みで甘味料やミルク、果実酒を加えてもよいでしょう。

作り方

1
容器にマテ茶を入れ、焼酎を注ぐ。

2
１週間後に茶葉をとり出す。

MEMO　日本でマテ茶はそれほど飲まれていませんが、コーヒーや茶と並んで、世界の三大飲料のひとつともいわれています。

モリンガ茶酒

モリンガはワサビノキ科の植物で、熱帯・亜熱帯の地域に自生しています。
モリンガの葉には、「ミラクルツリー（奇跡の木）」と呼ばれ、健康や美容によい栄養成分が90種類も含まれています。漬け込み酒にすると繊細な甘みと苦みを味わえます。

●おすすめの容器と材料

保存容器	500mℓ
モリンガ茶の茶葉	15g
焼酎（アルコール度数25度）	485mℓ

●DATA

［飲みごろ］ 1カ月後から
［コスト］ 安　中　高
［味］ 天然の甘みと香ばしい苦みがある
［アレンジする場合のおすすめのベース酒］ ウォッカ、泡盛
［効能］ 疲労回復・ホルモン調整作用・抗菌作用・貧血予防・便秘解消・不眠症改善・美肌

素材の選び方・漬け込み時期

モリンガ茶は国内では沖縄などで作られており、なかには農薬や添加物不使用のものもあります。賞味期限にかかわらず、製造日から日数が経っていない、袋を開封してからすぐのフレッシュな茶葉を使いましょう。

飲み方・味わい方

水割りやお湯割りで、モリンガ茶が持つ甘みや苦みを味わってください。

MEMO　モリンガは健康だけではなく、地球にもやさしい植物といわれています。成長過程で、一般の植物の20倍もの二酸化炭素を吸収しているからです。

作り方

1
容器にモリンガ茶を入れ、焼酎を注ぐ。

2
1週間後に茶葉をとり出す。

緑茶酒

緑茶酒にはぜひとも初夏の新茶を使いましょう。新茶は縁起物とされ、アミノ酸やビタミンCたっぷりで栄養価が高いからです。さらに新茶はテアニンという、うまみ成分が豊富です。摘みたての旬の味わいをお酒でも堪能してください。

●おすすめの容器と材料

保存容器	1ℓ
緑茶の茶葉	50g
焼酎（アルコール度数25度）	750mℓ

●DATA

［飲みごろ］ 1週間後から

［コスト］ 安　中　高

［味］ 緑茶特有の苦みに、ほのかな甘みとかすかな渋み

［アレンジする場合のおすすめのベース酒］ ウォッカ

［効能］ 疲労回復・コレステロール低下・風邪予防・生活習慣病予防・抗菌作用・抗酸化作用・虫歯予防・認知症予防

素材の選び方・漬け込み時期

新茶は地域によって違いますが、4月下旬~5月上旬に摘みとられています。手に入れたら早めに漬け込んでください。すでに家にある茶葉を使う場合は、風味が落ちていないものを使いましょう。

飲み方・味わい方

緑茶の甘み、苦み、渋みの調和をじっくり味わいたいから、水割り、お湯割り。

作り方

1

容器に緑茶を入れ、焼酎を注ぐ。

2

3日後に茶葉をとり出す。

MEMO　緑茶にはカフェインが含まれていますので、一日のあいだに大量に飲んだり、寝る直前に飲むことはおすすめできません。

ルイボス茶酒

南アフリカ共和国特産のハーブ。ルイボスが自生するのは、世界中でジェダーバーグ山脈のみです。
その先住民が「不老長寿のお茶」として日常的に愛飲し、世界中に広まりました。
お茶だけでなく、薬用酒としても健康維持に役立てましょう。

●おすすめの容器と材料

保存容器	500mℓ
ルイボス茶の茶葉	20g
焼酎（アルコール度数25度）	480mℓ

●DATA

［飲みごろ］ 1カ月後から

［コスト］ 安　中　高

［味］ ルイボスティー特有のほのかな甘みがある

［アレンジする場合のおすすめのベース酒］ ウォッカ

［効能］ 冷え症緩和・抗酸化作用・アレルギー症状緩和・リラックス効果・美肌・貧血予防

素材の選び方・漬け込み時期

茶葉はスーパーやネットショップなどで入手可能なので、いつでも漬けられます。茶葉は時間の経過とともに風味が落ちていきます。できれば賞味期限まで時間に余裕があるものを漬け込みましょう。

飲み方・味わい方

水割りやお湯割りで、シンプルに味わうのがいちばん。

MEMO　ルイボスには亜鉛やミネラル、ポリフェノールなどの栄養素が含まれています。ノンカフェインなので、寝る前に飲むお茶としてもおすすめです。

作り方

1

容器にルイボス茶を入れ、焼酎を注ぐ。

2

1週間後に茶葉をとり出す。

1カ月後　1週間後　当日

第5章

薬用酒

赤唐辛子酒

漢方では、冷えをとり、消化不良や食欲不振を改善、
肥満予防に有効と考えられています。
唐辛子に含まれる辛み成分・カプサイシンが
血液の循環を促進し、糖質や脂質をエネルギーに
変える働きも。辛みが強いので飲酒用にはしないこと。

素材の選び方・漬け込み時期

8～10月に出回ります。皮にハリのあるものを選びましょう。漬け込んだら途中でアルコールをつぎ足しながらでも使えます。

飲み方・味わい方

料理酒や辛み調味料としてほんの数滴使ってください。高血圧の人や更年期などでのぼせやすい人は控えたほうが安心です。

作り方

1

赤唐辛子はよく洗って容器に入れ、ホワイトリカーを注ぐ。

●おすすめの容器と材料

保存容器……500㎖
赤唐辛子……25g
※鷹の爪の場合は20g使用
ホワイトリカー……475㎖

●DATA

［飲みごろ］1カ月後から
［コスト］（安　中　高）
［味］かなり強い辛みがある
［アレンジする場合のおすすめのベース酒］ウォッカ、泡盛
［効能］血行促進・コレステロール低下・食欲増進・美肌・抗酸化作用・疲労回復・むくみ緩和

アニス酒

さわやかな香りと甘い味が特徴。胃液の分泌を促進し、
消化を助けるとされ、昔から胃もたれや消化不良、
胃痛の緩和に利用されています。
スペインでは健康のため、
朝食時に一口だけアニス酒を飲む習慣があります。

素材の選び方・漬け込み時期

スーパーなどのスパイスコーナーでみつかります。いつでも漬け込み可能。

飲み方・味わい方

20㎖ほどの量を常温ストレートで。ロック(好みで生クリームを少々加えても)、パイナップルジュース割り、コーラ割りでもOK。

作り方

1

容器にアニスシードを入れ、ホワイトリカーを注ぐ。

●おすすめの容器と材料

保存容器……500㎖
アニスシード……30g
ホワイトリカー……470㎖

●DATA

［飲みごろ］1カ月後から
［コスト］（安　中　高）
［味］ほわっと甘く、後からスパイシーな味わい
［アレンジする場合のおすすめのベース酒］ブランデー、ウイスキー
［効能］消化促進・利尿作用・鎮痛作用・リラックス効果

ういきょう（フェンネル）酒

英名はフェンネルで、
スティックフェンネル（P.139）と
同じ仲間です。健胃効果や消化促進作用が
あるため、医薬品に欠かせないもののひとつ。
種は漢方薬としても使われており、
腹部の冷えをとって痛みをやわらげるとされています。

素材の選び方・漬け込み時期

スーパーやネットショップで購入できます。いつでも漬け込めます。

飲み方・味わい方

水割り、お湯割り、炭酸水割り（好みでレモンやハチミツを加えても）、シークワーサージュース割り、ビール割り、料理酒（煮込み料理、魚料理など）。

作り方

1

容器にういきょうを入れ、ホワイトリカーを注ぐ。

1カ月後　当日

●**おすすめの容器と材料**

保存容器……500mℓ
ういきょう（フェンネル・ホール）…30ｇ
ホワイトリカー……470mℓ

●**DATA**

［飲みごろ］１カ月後から
［コスト］安　中　高
［味］甘くて、独特の薬草のような味
［アレンジする場合のおすすめのベース酒］ウォッカ
［効能］健胃・消化促進・消臭作用・高血圧予防・利尿作用・むくみ緩和

ウコン酒（生）

ウコンは肝機能を高める働きがあると注目されています。
春にピンクの花を咲かせる「春ウコン」と、
秋に白花を咲かせる「秋ウコン」があり、
春ウコンは消化器系、秋ウコンは
自律神経系の疾患に有効といわれています。

素材の選び方・漬け込み時期

収穫時期は10～11月ですが、貯蔵できるので年じゅう手に入ります。

飲み方・味わい方

20mℓほどの量を常温で。飲みにくければロックや水割り、お湯割り。料理酒（カレーなどの煮込み料理、隠し味など）。

作り方

1

ウコンはブラシでよく洗い、５㎜幅の薄切りにする。

2

容器にウコンを入れ、ホワイトリカーを注ぐ。

3カ月後　当日

●**おすすめの容器と材料**

保存容器……800mℓ
ウコン（生）……100ｇ
ホワイトリカー……400mℓ

●**DATA**

［飲みごろ］３カ月後から
［コスト］安　中　高
［味］ウコン特有のスパイシーな味わい
［アレンジする場合のおすすめのベース酒］ブランデー、ウォッカ
［効能］疲労回復・滋養強壮・健胃・消化促進・生理痛緩和・美肌

葛根酒

葛根は、風邪の初期症状に効く
葛根湯の主成分としておなじみ。
近年の研究では、葛根はアルコール依存症に効果があり、
葛根エキスをとることでアルコールの摂取量が
大幅に減るという報告があります。

素材の選び方・漬け込み時期

漢方薬局や韓国食材店、インターネットショップなどで購入可能。いつでも漬け込み可能。

飲み方・味わい方

20㎖ほどの量を常温で。またはロック、水割り、お湯割り(好みでバターを少量加えても)。

●おすすめの容器と材料

保存容器……800㎖
葛根(角切り)……50ｇ
氷砂糖……10ｇ
ダークラム……440㎖

●DATA

[飲みごろ] 1カ月後から
[コスト] (安　中　高)
[味] 甘く、じんわりする味わい
[アレンジする場合のおすすめのベース酒] ブランデー、ウイスキー
[効能] 口渇緩和・血糖値降下・鎮痛作用・解熱作用・発汗作用

1カ月後

当日

作り方

1

容器に葛根、氷砂糖を入れ、ダークラムを注ぐ。

甘草酒

甘草は根や枝に砂糖の50倍もの甘さを含み、
日本ではしょうゆやみそなどの甘味料の一部として
使われています。生薬として多くの漢方薬に
配合されており、「甘草湯」はノドの痛みや激しい咳に
効き目があるとされています。

素材の選び方・漬け込み時期

根や枝を乾燥させたものなので中国薬局などでいつでも入手可能。

飲み方・味わい方

20㎖ほどの量を常温ストレート。または水割り、お湯割り、料理酒(甘味料として)。

●おすすめの容器と材料

保存容器……800㎖
甘草……30ｇ
ホワイトリカー……470㎖

●DATA

[飲みごろ] 1カ月後から
[コスト] (安　中　高)
[味] 強い甘みがある
[アレンジする場合のおすすめのベース酒] ブランデー、ラム酒
[効能] 滋養強壮・咽頭の痛みの緩和・下痢止め・健胃・利尿作用・美肌

1カ月後

当日

作り方

1

容器に甘草を入れ、ホワイトリカーを注ぐ。

カルダモン酒

上品な香りを放ち、カレーパウダーやガラムマサラ、チャイなどに使われるカルダモン。主成分のシネオールは唾液の分泌を促し、消化器系の不調に機能。漢方でも消化不良や食欲不振、吐き気、口臭などに働くと考えられています。

素材の選び方・漬け込み時期

完熟前の実をさやごと緑色に乾燥させたものなので、いつでも漬け込めます。

飲み方・味わい方

ホットミルク割り、ミルクティー割り、コーラ割り。カレーやチャイの料理酒として。

●おすすめの容器と材料

保存容器……500mℓ
カルダモン（ホール）……30g
ホワイトリカー……470mℓ

●DATA

［飲みごろ］ 2カ月後から
［コスト］ 安　中　高
［味］ 独特なスパイシーな味
［アレンジする場合のおすすめのベース酒］ ウォッカ、ブランデー
［効能］ 疲労回復・消化促進・消臭作用・冷え症緩和・精神安定

作り方

1

容器にカルダモンを入れ、ホワイトリカーを注ぐ。

2カ月後

当日

キャラウェイ酒

甘くさわやかな香りを持つキャラウェイは、消化を助けるスパイスとしてヨーロッパでなじみがあります。古代ヨーロッパでは人や物をひきつける魔力があるという言い伝えがあり、惚れ薬の材料に使われていたそうです。

素材の選び方・漬け込み時期

セリ科の植物の種子を乾燥させたスパイスで、スーパーなどでいつでも入手可能。

飲み方・味わい方

20mℓほどの量を常温で飲むほか、またはロック、水割り、炭酸水割り。

●おすすめの容器と材料

保存容器……500mℓ
キャラウェイシード（ホール）…25g
ホワイトラム……475mℓ

●DATA

［飲みごろ］ 1カ月後から
［コスト］ 安　中　高
［味］ キリッと引き締まったスパイシーな味
［アレンジする場合のおすすめのベース酒］ ブランデー、ウイスキー、ウォッカ
［効能］ 健胃・消化促進・利尿作用・リラックス効果・消臭効果

作り方

1

容器にキャラウェイシードを入れ、ホワイトラムを注ぐ。

1カ月後

当日

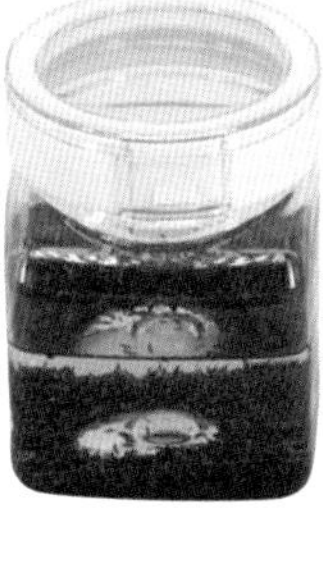

金《きん》銀《ぎん》花《か》酒

金銀花は、スイカズラの花のつぼみを乾燥させたもの。
ひとつの枝に白い花（銀）と黄色い花（金）が咲くことから、
金銀花という生薬名がつけられました。
漢方では夏風邪の初期症状（ノドの痛みなど）が
あるときによく使われています。

素材の選び方・漬け込み時期

開花時期は4～5月ですが、つぼみを乾燥させたものなので中華食材店などでいつでも購入可能。

飲み方・味わい方

ロック、水割り、炭酸水割り。

●おすすめの容器と材料

保存容器	800mℓ
金銀花	30g
ホワイトリカー	470mℓ

●DATA

［飲みごろ］ 1カ月後から
［コスト］ 安　中　高
［味］ やさしい甘みとほんのりと苦みがある
［アレンジする場合のおすすめのベース酒］ ブランデー、ウイスキー
［効能］ 滋養強壮・健胃・抗菌作用・下痢予防・皮膚粘膜修復解熱作用・美肌

作り方

1
金銀花はほこりなどが気になる場合、ホワイトリカー適量(分量外)をかけてサッと洗う。

2
容器に金銀花を入れ、ホワイトリカーを注ぐ。

1カ月後

当日

金《きん》針《しん》菜《さい》酒

金針菜はユリ科の花（木萱草）のつぼみを乾燥させたもので、
体の熱をとり、水分代謝を高めるのでむくみ改善に。
鉄分が豊富なため、貧血予防にもひと役。「忘憂草」とも呼ばれ、
イライラや憂鬱な気分を晴らす効果も期待されます。

素材の選び方・漬け込み時期

日本で入手できるのは基本的に乾燥品。中華食材店などで季節を問わずいつでも購入可能。

飲み方・味わい方

ロック、水割り、炭酸水割り。

●おすすめの容器と材料

保存容器	800mℓ
金針菜	40g
ハチミツ	小さじ2
ホワイトリカー	450mℓ

●DATA

［飲みごろ］ 1カ月後から
［コスト］ 安　中　高
［味］ クセはないが、少ししょっぱい
［アレンジする場合のおすすめのベース酒］ ブランデー、ウイスキー
［効能］ 疲労回復・解熱作用・貧血予防・利尿作用・精神安定・不眠症改善・美肌

作り方

1
金針菜はほこりなどが気になる場合は、ホワイトリカー適量（分量外）をかけて洗い流す。

2
容器に金針菜、ハチミツを入れ、ホワイトリカーを注ぐ。

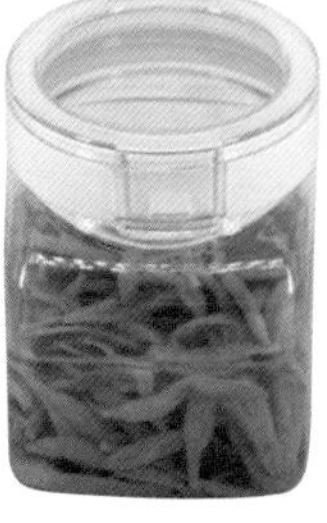

1カ月後

当日

クコの実酒

中国では不老長寿の妙薬として親しまれているクコの実。
参鶏湯に使われるなど、滋養強壮によいとされています。高い美容効果も期待され、楊貴妃は、
1日3粒は欠かさなかったとか。ビタミン類やミネラル類が豊富です。

素材の選び方・漬け込み時期

近年ではスーパーの中華食材コーナーなどで購入できるので、いつでも漬けられます。

飲み方・味わい方

20mlほどの量をストレートで、ロック、炭酸水割り。炒め物やサムゲタンなどの料理酒としても役立ちます。

●おすすめの容器と材料

保存容器……………………………500ml
クコの実……………………………50g
ホワイトリカー……………………450ml

●DATA

[飲みごろ] 6カ月後から
（熟成させるほどよい）
[コスト] 安　中　高
[味] 甘くて深い味わい。漢方酒としては飲みやすい
[アレンジする場合のおすすめのベース酒]
ブランデー、ウォッカ
[効能] 疲労回復・眼精疲労回復・抗酸化作用・アレルギー症状緩和・血圧安定・動脈硬化予防・不眠症改善・美肌

MEMO　近年、話題のスーパーフードのひとつ、クコの実。美容によい成分がたっぷり。世界三大美女の楊貴妃も好んで食べていたとされています。

作り方

1

容器にクコの実を入れ、ホワイトリカーを注ぐ。

クマザサ酒（乾燥）

乾燥加工されたクマザサは、生笹よりも
アクが少ない分、漬け込み酒はグッと飲みやすくなります。
乾燥すると色がくすみますが、笹の香りはしっかり。
生のクマザサ酒同様、抗菌作用などの効果が
期待されています。

素材の選び方・漬け込み時期

乾燥品は中華食材店などでいつでも購入でき、好きなときに漬け込めます。

飲み方・味わい方

20mℓほどの量を常温で、または水割り、お湯割り、炭酸水割り。

作り方

1

乾燥クマザサはキッチンペーパーで汚れをふきとり、2㎝幅の細切りにする。

2

容器にクマザサ、ハチミツを入れ、ホワイトリカーを注ぐ。

●おすすめの容器と材料

保存容器	800mℓ
クマザサ（乾燥）	3g（10枚）
ハチミツ	15g
ホワイトリカー	480mℓ

●DATA

［飲みごろ］ 2カ月後から
［コスト］ 安　中　高
［味］ 甘みの後に苦みがくる
［アレンジする場合のおすすめのベース酒］ ブランデー
［効能］ 疲労回復・健胃・抗菌作用・高血圧予防・精神安定・食欲増進・美肌

クチナシの実酒

生薬名は山梔子（さんしし）。
クチナシの完熟果実を乾燥させたもの。
浸出する濃い黄色はたくあんやきんとんなどの着色料として
用いられます。効能のひとつに精神を安定させる働きがあり、
不安感や不眠の解消になると考えられています。

素材の選び方・漬け込み時期

使用するのは乾燥品なので、中華食材店や大手製菓材料店などでいつでも購入でき、漬け込めます。

飲み方・味わい方

りんご酢（フルーツ酢）割り、水割り、牛乳割り（好みでハチミツや砂糖を加えても）。

作り方

1

クチナシの実はほこりや汚れが気になればホワイトリカー適量（分量外）をかけて洗い流す。

2

容器にクチナシの実を入れ、ホワイトリカーを注ぐ。

●おすすめの容器と材料

保存容器	500mℓ
クチナシの実	30g
ホワイトリカー	470mℓ

●DATA

［飲みごろ］ 2カ月後から
［コスト］ 安　中　高
［味］ 特有の苦みがあり、少し刺激がある。
［アレンジする場合のおすすめのベース酒］ ブランデー、ウイスキー
［効能］ 精神安定・新陳代謝促進・滋養強壮・鎮痛作用・眼精疲労緩和・美肌

クマザサ酒(生)

大雪の中でも枯れずに耐え抜くほどの脅威の生命力を持っています。防腐・抗菌作用があり、生笹は笹ずしや笹もちなど食物を包むことにも利用されています。血液凝固作用も生かし、化膿止めや皮膚炎、歯痛にも使われています。

●おすすめの容器と材料

保存容器	800㎖
クマザサ(生笹)	10枚(20ｇ)
ハチミツ	30ｇ
ホワイトリカー	450㎖

●DATA

［飲みごろ］１カ月後から
［コスト］安　中　高
［味］乾燥笹の葉より口当たりがやわらかく、甘みと塩けがある
［アレンジする場合のおすすめのベース酒］ブランデー
［効能］抗菌作用・疲労回復・健胃・高血圧予防・精神安定・食欲増進・美肌

素材の選び方・漬け込み時期

真空パックになって常温や冷凍で売られていることが多いため、１年通して漬けられます。無添加のものを選びます。

飲み方・味わい方

20㎖ほどの量を常温ストレート、またはロック、水割り、お湯割り、炭酸水割り

作り方

1

ボウルに水を張ってクマザサを入れてよく洗い、キッチンペーパーで水けをふきとる。

2

容器にクマザサ、ハチミツを入れ、ホワイトリカーを注ぐ。

１カ月後

当日

クミン酒

クミン独特な強めの香りの成分は、消化器官を刺激し、食欲をアップ。漢方でも、冷えによる消化不良や食欲不振、神経痛などの改善に役立つと考えられています。ほかにも抗酸化作用やリラックス効果なども考えられます。

●おすすめの容器と材料

保存容器	500㎖
クミンシード	30ｇ
ホワイトリカー	470㎖

●DATA

［飲みごろ］１カ月後から
［コスト］安　中　高
［味］クミンならではの香ばしい深い味わい
［アレンジする場合のおすすめのベース酒］ウォッカ
［効能］抗酸化作用・消化促進・健胃・食欲増進・利尿作用・精神安定・美肌

素材の選び方・漬け込み時期

スパイスなのでスーパーなどで購入でき、いつでも漬け込みも可能。

飲み方・味わい方

香りが強いので料理酒(カレー、肉料理などくさみ消し)向き。

作り方

1

容器にクミンシードを入れ、ホワイトリカーを注ぐ。

１カ月後

当日

クローブ酒

和名は丁子(ちょうじ)ですが、中国では丁香(ちょうこう)と呼ばれ、漢方薬に使われています。甘くてスパイシーな香りが胃を刺激し、消化の働きを活発化。また月経痛、冷えによる胃痛や腰痛などの緩和にも役立つとされています。

素材の選び方・漬け込み時期

スパイス専門店などでいつでも購入して漬け込めます。

飲み方・味わい方

コーラ割り、ホットラム酒割り、ホットウイスキー割り、ホットブランデー割り、ミルクティー、料理酒(肉料理、チャイなど)。「ウコン酒」(P165)とは合わせないこと。

作り方

— 1 —

容器にクローブを入れ、ホワイトリカーを注ぐ。

2カ月後

当日

●おすすめの容器と材料

保存容器	500㎖
クローブ(ホール)	40g
ホワイトリカー	460㎖

●DATA

[飲みごろ] 2カ月後から

[コスト] (安　中　高)

[味] しびれるような苦みや辛みがある

[アレンジする場合のおすすめのベース酒] ラム酒、ウイスキー、ブランデー、ウォッカ

[効能] 消臭作用・抗菌作用・鎮痛作用・冷え症緩和・便秘解消・下痢予防

黒豆酒

黒豆は強い抗酸化作用を持つアントシニアンやイソフラボンが豊富。白髪や抜け毛、クマやしわ、肌あれなどを改善するアンチエイジング効果や冷え症改善などの効果が期待できます。漢方では更年期の不調を整えるとされています。

素材の選び方・漬け込み時期

乾物はいつでも手に入るため、年じゅう漬け込む作業は可能です。

飲み方・味わい方

20㎖ほどの量を常温で、ロック、水割り、お湯割り、牛乳割り(お好みでハチミツや砂糖を加えても)。

作り方

— 1 —

フライパンに黒豆を入れ、弱火で皮が破れるまで揺すりながらからいりする。バットに移し、あら熱をとる。

— 2 —

容器に黒豆を入れ、ホワイトリカーを注ぐ。

1カ月後

当日

●おすすめの容器と材料

保存容器	800㎖
黒豆(乾燥)	100g
ホワイトリカー	400㎖

●DATA

[飲みごろ] 1カ月後から

[コスト] (安　中　高)

[味] 黒豆の味を凝縮、甘みがある

[アレンジする場合のおすすめのベース酒] ウォッカ

[効能] 抗酸化作用・冷え症緩和・血行促進・生活習慣病予防・むくみ緩和・眼精疲労回復

高麗人参酒

高麗人参は消化吸収や新陳代謝を促進し、免疫力をアップさせる働きがあります。
また気力や精力の増強や老化予防などにも役立ち、疲れた心身を回復させる漢方の万能薬。
薬用酒にすれば、こまめに摂取できるので便利です。

●おすすめの容器と材料

保存容器	500mℓ
高麗人参	50g
ハチミツ	大さじ1
ホワイトリカー	435mℓ

●DATA

［飲みごろ］６カ月後から
［コスト］ 安　中　高
［味］ 甘みと苦みと少しの辛みがある
［アレンジする場合のおすすめのベース酒］
ブランデー、テキーラ
［効能］ 滋養強壮・疲労回復・低血圧や不整脈の改善・抗酸化作用・血行促進・風邪予防・精神安定・美肌

素材の選び方・漬け込み時期

韓国食材店などで季節問わず販売していて漢方の食材の中でもかなり高額ですが、乾燥した根の部分はリーズナブルです。

飲み方・味わい方

20mℓほどの量を常温で、水割り、お湯割り。

MEMO 「漢方の王様」とも呼ばれている高麗人参は漢方の中でも抜群の滋養強壮力があります。

半年後　1週間後　当日

作り方

1

高麗人参はよく洗い、しっかり乾燥させる（乾燥の高麗人参はそのままでOK）。

2

容器に高麗人参、ハチミツを入れ、ホワイトリカーを注ぐ。

コリアンダー酒（スパイス）

スパイスとして使われるコリアンダーは種子の部分だけ。漢方では消化促進、発汗作用による発疹の治癒などの働きあるとされています。野菜酒の「コリアンダー酒」（P.99）のような特有の香りがない分、飲みやすいでしょう。

素材の選び方・漬け込み時期

モロッコ産が多く出回っていますが、インド産のほうが香りに甘みがあります。スパイスなのでいつでも漬け込めます。

飲み方・味わい方

20㎖ほどの量を常温ストレート、ロック、炭酸水割り、ビール割り、ハイボール割り。

●おすすめの容器と材料

保存容器	500㎖
コリアンダーシード	30ｇ
ホワイトリカー	470㎖

●DATA

［飲みごろ］　2カ月後から

［コスト］　安　中　高

［味］　ほんのり甘く、後から口の中がしびれるような刺激を感じる

［アレンジする場合のおすすめのベース酒］　ジン、ウォッカ

［効能］　血行促進・発汗作用・食欲増進・精神安定・消化促進・美肌

作り方

1

容器にコリアンダーシードを入れ、ホワイトリカーを注ぐ。

2カ月後　当日

サンザシ酒

強い酸味を持つ「サンザシ（山査子）」の赤い実を乾燥させたもの。中国では古くから漢方薬として親しまれ、消化不良や生理不順などに処方されています。ビタミンやミネラルが豊富で、とくにビタミンCがたっぷり。

素材の選び方・漬け込み時期

乾燥させたものなので、中華食材店などでいつでも入手可能です。できれば鮮やかな赤色でツヤがあるものを選びましょう。

飲み方・味わい方

ロック、水割り、お湯割り。

●おすすめの容器と材料

保存容器	800㎖
サンザシ	50ｇ
レモン	1/2個
ハチミツ	小さじ2
ホワイトリカー	420㎖

●DATA

［飲みごろ］　2カ月後から

［コスト］　安　中　高

［味］　サンザシとレモンの酸味の中に、ほんのりとした甘み

［アレンジする場合のおすすめのベース酒］　ウォッカ

［効能］　食欲増進・消化促進・高血圧予防・便秘解消・下痢予防・コレステロール低下・美肌

作り方

1

レモンは皮をむき、1㎝幅の輪切りにする。

2

容器にサンザシ、レモン、ハチミツを入れ、ホワイトリカーを注ぐ。

3

1カ月後にサンザシ、レモンをとり出す。

2カ月後　当日

シナモン酒

生薬名は「桂皮（けいひ）」。血のめぐりがよくなり、内臓が温まるので、女性特有の不調に効果的。
体を温める力があるともいわれます。
また抗酸化作用のある成分シンナムアルデヒドを含み、アンチエイジング効果も期待大。

素材の選び方・漬け込み時期

スティックは樹皮を乾燥させたもので、スーパーなどで年じゅう手に入ります。

飲み方・味わい方

コーヒー割り、紅茶割り、ミルクティー割り、ホットミルク割り、お菓子の香りづけ。

●おすすめの容器と材料

保存容器……500mℓ
シナモンスティック……30g
ホワイトリカー……470mℓ

●DATA

[飲みごろ] 2カ月後から
（熟成させるほどよい）
[コスト] 安　中　高
[味] シナモンが凝縮されたほのかな甘みとスパイシーさ
[アレンジする場合のおすすめのベース酒]
ブランデー、ウォッカ、テキーラ
[効能] 冷え症改善・更年期障害緩和・滋養強壮・疲労回復・食欲増進

MEMO　お菓子を作るときにシナモンをよく使う人は、シナモン酒を作っておくと便利です。シナモンのエキスがしっかり抽出されるので時短になります。

作り方

1

容器にシナモンスティックを入れ、ホワイトリカーを注ぐ。

半年後　1週間後　当日

ジュニパーベリー酒

ヒノキ科の針葉樹セイヨウネズの果実。
血糖値を下げる作用や、胃の調子を
整える効果があるといわれています。
蒸留酒のジンには古くからジュニパーベリーを
香りづけに使用。漬け込み酒でも森林のさわやかな
香りが楽しめます。

素材の選び方・漬け込み時期

果実を乾燥させたものなので、大手スーパーなどで購入可能。

飲み方・味わい方

20mℓほどの量を常温ストレート、ロック、水割り、炭酸水割り、アイスティー割り。カクテルは、レモンやオレンジ、グレープフルーツなどの柑橘ジュースや果実酒とのブレンドがよく合います。

●**おすすめの容器と材料**

保存容器……………………500mℓ
ジュニパーベリー…………20g
ウォッカ……………………480mℓ

●**DATA**

［飲みごろ］　1カ月後から
［コスト］　（安　中　高）
［味］　ほのかに甘くフルーティで、スパイシーでキリッとした味
［アレンジする場合のおすすめのベース酒］　ジン、ホワイトラム、ホワイトリカー
［効能］　血糖値降下・抗菌作用・消化促進・利尿作用・精神安定

作り方

1

容器にジュニパーベリーを入れ、ウォッカを注ぐ。

白きくらげ酒

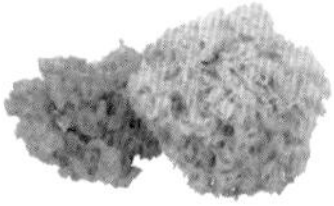

中国では不老長寿の食べ物として重宝され、
漢方の生薬としても使われています。
肺を潤す働きがあり「美肌には肺を潤すことが大切」とされ、
楊貴妃も食べていたとか。
ビタミンDの含有率は食材の中でトップクラス。

素材の選び方・漬け込み時期

乾燥品で、中華食材店、大手製菓食材店などで年じゅう購入できます。

飲み方・味わい方

グレープフルーツジュース割り、梅酒（P.16）や「なつめ酒」（P.181）と割って。

●**おすすめの容器と材料**

保存容器……………………800mℓ
白きくらげ（乾燥）…………15g
ホワイトリカー……………485mℓ

●**DATA**

［飲みごろ］　3カ月後から（熟成させるほどよい）
［コスト］　（安　中　高）
［味］　少しとろみがあり、白きくらげの風味がする
［アレンジする場合のおすすめのベース酒］　ウォッカ
［効能］　滋養強壮・潤肺作用・鎮咳・美肌・骨粗鬆症予防・便秘解消

作り方

1

白きくらげはごみやほこりが付着していたら、ホワイトリカー適量（分量外）をかけて洗い流す。容器に入る大きさに切る。

2

容器に白きくらげを入れ、ホワイトリカーを注ぐ。

石《せき》菖《しょう》蒲《ぶ》酒

サトイモ科の多年草。日本や中国などの山間の渓流沿いに自生しています。誤解されがちですが、菖蒲根と石菖蒲は別物。菖蒲根は菖蒲の根茎のことで、石菖蒲より太くて香りが強め。
漢方では一般的に石菖蒲が用いられています

素材の選び方・漬け込み時期

乾燥品を中国薬局などで一年じゅう購入できます。

飲み方・味わい方

ロック、水割り、炭酸水割り、お湯割り。

作り方

1

容器に石菖蒲を入れ、ホワイトリカー、ハチミツを注ぐ。

1カ月後　当日

●**おすすめの容器と材料**

保存容器	800㎖
石菖蒲(刻み)	50g
ハチミツ	30g
ホワイトリカー	420㎖

●**DATA**

[飲みごろ] 1カ月後から
[コスト] 安　中　高
[味] 苦みがやや強いが、ほのかな甘みもある
[アレンジする場合のおすすめのベース酒] ブランデー、ウォッカ
[効能] 健胃・解毒作用・鎮痛作用・健忘症予防・精神安定・不眠症改善

ターメリック酒(ウコン〈粉〉)

ターメリックはカレー粉の主原料でおなじみ。漢方では、生命維持のためのエネルギーである「気」のめぐりを促し、血流を改善するため、生理痛や肩こりをやわらげるのに役立ちます。心を安定させる働きもあります。

素材の選び方・漬け込み時期

乾燥粉末のスパイスなので、スーパーなどでいつでも購入可能。

飲み方・味わい方

20㎖ほどの量を常温ストレート、水割り(お好みでレモン汁を加えても)、りんご酢(黒酢、フルーツ酢)割り、ジンジャーエール割り。

作り方

1

容器にターメリックを入れ、焼酎を注ぐ。

1カ月後　当日

●**おすすめの容器と材料**

保存容器	500㎖
ターメリック(ウコン粉)	30g
焼酎(アルコール度数25度)	470㎖

●**DATA**

[飲みごろ] 当日から
[コスト] 安　中　高
[味] やわらかなほろ苦さがある
[アレンジする場合のおすすめのベース酒] ウォッカ、日本酒(アルコール度数20度以上)
[効能] 疲労回復・滋養強壮・健胃・消化促進・鎮痛作用・美肌

陳皮酒

成熟したみかんの皮を乾燥させたもの。鎮痛や血行促進の作用があるリモネン、
冷え症改善のヘスペリジンなどの成分を含み、漢方では咳や痰の風邪対策に使われます。
乾燥に時間をかけるほど栄養成分が高くなるといわれています。

●おすすめの容器と材料

保存容器	800mℓ
みかんの皮	20g
氷砂糖	30g
ホワイトリカー	450mℓ

●DATA

［飲みごろ］1カ月後から
［コスト］安　中　高
［味］　甘いみかんジュースのような味
［アレンジする場合のおすすめのベース酒］
ジン、ホワイトラム酒
［効能］消化促進・下痢予防・利尿作用・風邪予防・冷え症改善・不眠症改善

素材の選び方・漬け込み時期

中華食材店やハーブ専門店(オレンジピールとして)で購入し、いつでも漬けられます。みかんが多く出回る冬は、みかんの皮を天日干しするだけで簡単に作れます。

飲み方・味わい方

ロック、水割り、炭酸水割り、みかん酒(P68)割り。ギョーザや炒め物などの料理酒としても使えます。

作り方

1

みかんの皮は70〜80度のお湯で洗い、キッチンペーパーで水けをふきとり、5㎜幅の細切りにする。皮を1週間から1年ほど干して乾燥させる。

2

容器にみかんの皮、氷砂糖を入れ、ホワイトリカーを注ぐ。

3

2カ月後に陳皮をとり出す。

MEMO　陳皮は炒め物やスープ、酢のものなどの料理や入浴剤としてもよく使われています。

1カ月後　1週間後　当日

タラノキ酒

ウコギ科の落葉低木。日本全国の日当たりのよい山野に自生しています。新芽は、タラの芽やタランボなどと呼ばれ、山菜の天ぷらとして食べられています。
漢方では、糖尿病や腎臓病の生薬として利用されています。

素材の選び方・漬け込み時期

乾燥品なので漢方薬局などでいつでも購入でき、漬け込めます。

飲み方・味わい方

20mlほどの量を常温ストレート、水割り、お湯割り・炭酸水割り(お好みでハチミツや砂糖を加えても)。

作り方

1
タラノキについている屑が気になる場合は、ホワイトリカー適量(分量外)をかけて洗い流す。

2
容器にタラノキを入れ、ホワイトリカーを注ぐ。

2カ月後　当日

●おすすめの容器と材料

保存容器	800ml
タラノキ(刻み)	50g
ホワイトリカー	450ml

●DATA

[飲みごろ]　2カ月後から
[コスト]　(安)　中　高
[味]　ほのかな甘さの後に軽くしびれるような苦み
[アレンジする場合のおすすめのベース酒]　ウォッカ、ラム酒
[効能]　健胃・利尿作用・血糖値降下・抗菌作用・美肌

田七人参酒

ウコギ科の多年草植物の根のこと。
産地は中国南方のごく限られた地域のみ。
昔の中国では、宮廷への献上品として珍重されました。
手足の冷えの改善や滋養強壮などに用いられています。
熟成させるほど、成分が抽出されて五臓に働きかけます。

素材の選び方・漬け込み時期

中華食材店などで年じゅう手に入り、漬け込めます。

飲み方・味わい方

20mlほどの量を常温ストレート、ロック、水割り、お湯割り。

作り方

1
容器に田七人参とハチミツを入れ、ホワイトリカーを注ぐ。

1カ月後　当日

●おすすめの容器と材料

保存容器	800ml
田七人参(刻み)	50g
ハチミツ	30g
ブランデー	420ml

●DATA

[飲みごろ]　1カ月後から
[コスト]　(安)　中　高
[味]　ごぼうのようなえぐみがある
[アレンジする場合のおすすめのベース酒]　ダークラム、ウイスキー
[効能]　滋養強壮・高血圧予防・鎮痛作用・浄血・冷え症緩和

当帰酒

セリ科の多年草で、根を乾燥させたもの。
強いセロリに似た香りがします。
「婦人病の聖薬」と呼ばれ、体を温め、
女性特有の不調に効くといわれています。
漢方薬だけではなく、入浴剤としても用いられています。

素材の選び方・漬け込み時期

乾燥した根で、中華食材店などで手に入ります。いつでも漬け込み可能。

飲み方・味わい方

20㎖ほどの量をストレート、ロック、水割り、お湯割り。

作り方

1

当帰は目の細かいブラシでよく洗い、乾燥させる。

2

容器に当帰を入れ、ホワイトリカーを注ぐ。

3カ月後　当日

●おすすめの容器と材料

保存容器	800㎖
当帰	30ｇ
ホワイトリカー	470㎖

●DATA

［飲みごろ］　3カ月後から

［コスト］　安　中　高

［味］　根っこならではの土くさい苦みと甘みがある

［アレンジする場合のおすすめのベース酒］　ウォッカ、テキーラ

［効能］　滋養強壮・血行促進・冷え症緩和・生理痛緩和・頭痛緩和

杜仲皮酒

中国では杜仲の木を「漢方薬最上位の幻の薬木」と
されています。杜仲の樹皮を乾燥させたものが杜仲皮で、
生薬として滋養強壮や血圧降下のほか、腰やひざの
痛み緩和などにも使われます。一般に販売されている
杜仲茶は杜仲の葉を使用したものです。

素材の選び方・漬け込み時期

樹皮を乾燥させたものなので、華食材店などでいつでも購入可能。

飲み方・味わい方

20㎖ほどの量を常温ストレート、ロック、水割り、お湯割り。

作り方

1

容器に杜仲皮を入れ、ウイスキーを注ぐ。

1カ月後　当日

●おすすめの容器と材料

保存容器	500㎖
杜仲皮（刻み）	30ｇ
ウイスキー	470㎖

●DATA

［飲みごろ］　1カ月後から

［コスト］　安　中　高

［味］　苦みが強いが、ほのかな甘みもある

［アレンジする場合のおすすめのベース酒］　ブランデー、ダークラム

［効能］　滋養強壮・鎮痛作用・利尿作用・高血圧予防・更年期障害緩和・精神安定

なつめ酒

りんごと梨の中間のような食感を持つフルーツ。中国では「1日3粒食べれば年をとらない」と言われ、「大棗（タイソウ）」という名前で滋養強壮の生薬として用いられています。
貧血、疲れやすい体質の改善などに役立ちます。

素材の選び方・漬け込み時期

日本では乾燥させたものが一般的。中華食材店や韓国食材店などでいつでも購入可能。

飲み方・味わい方

20㎖ほどの量を常温ストレートで食前酒に。ロックや水割り、しょうがのすりおろしを加えてお湯割りも◎。

●おすすめの容器と材料

保存容器	800㎖
なつめ(乾燥)	60ｇ
レモン	1/2個
ハチミツ	小さじ2
ホワイトリカー	400㎖

●DATA

[飲みごろ] 6カ月後から
（熟成させるほどよい）
[コスト] 安　中　高
[味] 強い甘みがある
[アレンジする場合のおすすめのベース酒]
ブランデー
[効能] 滋養強壮・疲労回復・鎮痛作用・貧血予防・不眠症改善・精神安定・美肌

MEMO　なつめは、なつめ茶やサムゲタンのスープ、鍋に活用できます。

作り方

1

レモンは皮をむいて、わたをできるだけそぎ落とし、1.5㎝幅の輪切りにする。

2

容器になつめ、レモン、ハチミツを入れ、ホワイトリカーを注ぐ。

3

1カ月後にレモンをとり出す。

南天酒

南天は夏に咲いた白い花が徐々に赤くなり、
冬になると真っ赤な果実を実らせます。日本では暖地の山地渓間に
自生し、古くからお正月の飾りや園芸植物として親しまれてきました。
南天の実は、古来より咳止めの生薬として利用されています。

素材の選び方・漬け込み時期

実がなる11月～翌2月に漬け込めます。実の色が鮮やかで傷がないものを選びましょう。

飲み方・味わい方

20mℓほどの量を常温ストレート、ロック、水割り、お湯割り、炭酸水割り。

●おすすめの容器と材料

保存容器	800mℓ
南天の実	85g
レモン(皮をむいたもの)	1切れ
ハチミツ	大さじ1
氷砂糖	30g
日本酒(アルコール度数20度以上)	370mℓ

●DATA

[飲みごろ] 2カ月後から
[コスト] 安　中　高
[味] 甘いが、まろやかな酸味もある
[アレンジする場合のおすすめのベース酒] ブランデー、ウイスキー
[効能] 鎮咳・鎮痛作用・抗菌作用・健胃・解熱作用

作り方

1

ボウルに水を張り、南天の実を入れてよく洗い、水けをふきとり、枝から実を摘む。

2

容器に南天の実、レモン、氷砂糖、ハチミツを入れ、日本酒を注ぐ。

3

2カ月後にレモンをとり出す。

2カ月後　当日

蓮の実酒

蓮の実は、蓮の花が枯れた後、つけ根にできます。
蓮の葉や根（レンコン）以上に、カリウムなどの
栄養価が高く、デトックス効果も期待。
漢方では腎機能を高める働きや、心と体を落ち着かせて
不眠解消の効果などがあるとされています。

素材の選び方・漬け込み時期

蓮の実は乾燥品なので、中華食材店などでいつでも入手可能。

飲み方・味わい方

水割り、牛乳割り(好みでハチミツや砂糖を加えても)。

●おすすめの容器と材料

保存容器	800mℓ
蓮の実	70g
ホワイトリカー	430mℓ

●DATA

[飲みごろ] 1カ月後から
[コスト] 安　中　高
[味] ナッツのようなほのかに甘い味
[アレンジする場合のおすすめのベース酒] 日本酒(アルコール度数20度以上)
[効能] 動悸の改善・健胃・血圧降下・不眠症改善・下痢止め・美肌

作り方

1

容器に蓮の実を入れ、ホワイトリカーを注ぐ。

2カ月後　当日

八角酒

中華料理で使われる代表的なスパイス。
欧米では「スターアニス」と呼ばれ、東ローマ帝国ではリキュールに利用されていました。
香りが強く、料理酒としてほんの少量利用すると、味に深みが出て、体が温まります。

素材の選び方・漬け込み時期

乾燥スパイスで、スーパーの中華コーナーなどでいつでも入手可能。

飲み方・味わい方

料理のかくし味に最適。炒め物、スープ、煮込み料理に、ごく少量を入れるだけで深みのある味わいに。

作り方

1

容器に八角を入れ、ホワイトリカーを注ぐ。

●おすすめの容器と材料

保存容器	500mℓ
八角	25g
ホワイトリカー	475mℓ

●DATA

［飲みごろ］ 3カ月後から
［コスト］ 安　中　高
［味］ 甘みの中に苦みがある
［アレンジする場合のおすすめのベース酒］
ブランデー、ウォッカ
［効能］ 冷え症緩和・鎮痛作用・解毒作用・消化促進・リフレッシュ効果

はと麦酒

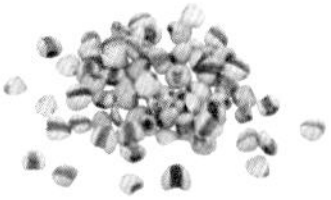

はと麦は昔からイボやでき物ができたときの漢方薬として親しまれてきました。余分な水分や老廃物を排出する働きもあり、むくみや便秘を解消し、デトックス効果があるとも。細胞の代謝も活発なので、乾燥や肌あれ予防にも役立ちます。

素材の選び方・漬け込み時期

乾燥品なのでスーパーや中華食材店などで購入でき、年じゅう漬け込めます。

飲み方・味わい方

20mℓほどの量を常温ストレート、ロック、水割り、お湯割り。

作り方

1

フライパンにはと麦を入れて中火にかけ、から煎りする。香りが立ったら火を止め、バットなどに移してあら熱をとる。

2

容器にはと麦を入れ、ホワイトリカーを注ぐ。

●おすすめの容器と材料

保存容器	800mℓ
はと麦	50〜100g
ホワイトリカー	450mℓ

●DATA

［飲みごろ］ 3カ月後から
［コスト］ 安　中　高
［味］ ほのかに甘い
［アレンジする場合のおすすめのベース酒］
ウォッカ、日本酒（アルコール度数20度以上）
［効能］ 利尿作用・解毒作用・便秘解消・美肌・鎮痛作用・抗炎症作用

バニラビーンズ酒

アイスクリームの香料として使われる植物のバニラ。
種子をさやごと発酵、乾燥をくり返すことで特有の甘い香りが出ます。
糖質量はほぼないのに甘みを強く感じるので、砂糖の使用量を
控えることが可能に。栄養成分はカリウムを多く含んでいます。

●おすすめの容器と材料

保存容器……………………500㎖
バニラビーンズ…………20g(10本)
クローブ……………………2粒
ウイスキー…………………480㎖
※お菓子作りなどに使う場合は、ウイスキーの分量を240㎖にする。

●DATA

[飲みごろ] 1カ月後から
[コスト] 安　中　高
[味] バニラの甘みは控えめ、クローブの刺激が加わった味
[アレンジする場合のおすすめのベース酒]
ブランデー、ダークラム
[効能] 滋養強壮・月経前症候群の症状緩和・リラックス効果・精神安定

素材の選び方・漬け込み時期

種子を乾燥したもので、大手製菓食材店などでいつでも入手可能。

飲み方・味わい方

20㎖ほどの量を常温ストレート、ロック、バニラアイスクリームにかけて。お菓子用の料理酒。

作り方

1

容器にバニラビーンズ、クローブを入れ、ウイスキーを注ぐ。

1カ月後　当日

ヒマワリの種酒

紀元前からインディアンの食用作物とされていました。
ヒマワリの種はナッツの仲間。日本ではパンやクッキー
などのトッピングに使われる程度ですが、
栄養価は抜群で、血中コレステロールを上げにくいと
されるリノール酸が豊富。

●おすすめの容器と材料

保存容器……………………800㎖
ヒマワリの種………………80g
ホワイトリカー……………420㎖

●DATA

[飲みごろ] 3カ月後から
[コスト] 安　中　高
[味] あっさりした甘さの後にほろ苦さ、コクがある味わい
[アレンジする場合のおすすめのベース酒]
ブランデー、ウイスキー、ウォッカ
[効能] 抗酸化作用・生活習慣病予防・貧血防止・冷え症緩和・美肌

素材の選び方・漬け込み時期

乾燥品のため、中華食材店などでいつでも購入可能です。

飲み方・味わい方

20㎖ほどの量を常温で。ロック、水割り、お湯割り、牛乳割り。

作り方

1

容器にヒマワリの種を入れ、ホワイトリカーを注ぐ。

3カ月後　当日

びわの葉酒

中国では、びわの葉裏の毛茸をとり除いたものを「枇杷葉（びわよう）」という生薬に用います。咳や痰を止める働きがあり、熱中症対策や疲労回復にも役立つとされ、薬酒としても利用されます。漬け終えた葉はネットに入れて入浴剤に。

素材の選び方・漬け込み時期

葉は無農薬のものを使うと安心。乾燥させたものならいつでも入手可能。

飲み方・味わい方

20㎖ほどの量を常温ストレート、ロック、水割り、お湯割り(好みでハチミツや黒糖を加えても)。

作り方

1

容器にびわの葉を入れ、ホワイトリカーを注ぐ。

2

ときどき容器を揺すり(熟成が早まる)、2カ月後に葉が茶色くなったらとり出す。

4カ月後　当日

※生の葉を使う場合は、よく洗って泥やほこりを落とし、キッチンペーパーで水けをふきとってから漬け込む。飲みごろは3カ月後から。

●**おすすめの容器と材料**

- 保存容器……500㎖
- びわの葉(乾燥)……30g
- ホワイトリカー……470㎖

●**DATA**

- [飲みごろ] 4カ月後から
- [コスト] 安　中　高
- [味] 深みがあり、やや苦みも感じるが飲みやすい
- [アレンジする場合のおすすめのベース酒] ブランデー、ウイスキー
- [効能] 疲労回復・胃炎回復・抗菌・抗炎症作用・風邪予防・美肌

花椒酒

花椒はミカン科の植物で、果皮を乾燥させたもの。さわやかな香りとしびれる辛みが中華料理と相性抜群です。辛み成分のサンショオールは消化不良や食欲不振の改善に役立ち、健胃作用があるとして漢方薬にも使われています。

素材の選び方・漬け込み時期

スパイスなので、漬けたいときにスーパーなどで購入可能。

飲み方・味わい方

炭酸水割り(お好みでレモンを加えても)、ビール割り、ハイボール割り、料理酒(中華炒めの香りづけ)。

作り方

1

容器に花椒を入れ、焼酎を注ぐ。

1カ月後　当日

●**おすすめの容器と材料**

- 保存容器……500㎖
- 花椒(原形)……10g
- 焼酎(アルコール度数25度)……490㎖

●**DATA**

- [飲みごろ] 1カ月後から
- [コスト] 安　中　高
- [味] 花のような豊かな香りとしびれる辛み
- [アレンジする場合のおすすめのベース酒] ホワイトリカー、ジン
- [効能] 健胃・抗菌作用・鎮痛作用・ホルモン調整作用・利尿作用

紅花酒

生薬名は「紅花（こうか）」。血流の循環を改善し、月経痛、月経不順、更年期障害など、女性特有の不調をやわらげます。ただし、月経時に飲むと出血がふえたり、妊娠時は子宮が収縮したりする作用があるので要注意。

素材の選び方・漬け込み時期

乾燥ものなので一年じゅう手に入ります。発色のきれいな赤色をしたものを選びましょう。

飲み方・味わい方

水割り、お湯割り(お好みでハチミツや砂糖を加えても)。

●おすすめの容器と材料

保存容器	500mℓ
紅花	10g
ブランデー	100mℓ
焼酎(アルコール度数25度)	390mℓ

●DATA

[飲みごろ] 2カ月後から
[コスト] 安 中 高
[味] ほろ苦く、舌に刺激を感じる
[アレンジする場合のおすすめのベース酒] ホワイトリカー
[効能] 生理痛や月経前症候群の緩和・更年期障害の症状緩和

作り方

1

容器に紅花を入れ、ブランデー、焼酎を注ぐ。

2

2週間後に、こす。

松の実酒

松の実は松から採取した種の皮をむき、とり出した胚の部分です。漢方では、体を潤す効果があり、喘息改善や便秘解消などの生薬としても活用。ピーナッツ類にアレルギーがある人は肌のかゆみなどの症状が出る場合もあるので要注意。

素材の選び方・漬け込み時期

乾燥品なので、お好きなときにスーパーや中華食材店などで購入可能。

飲み方・味わい方

20mℓほどの量を常温ストレート、ロック、水割り、お湯割り。

●おすすめの容器と材料

保存容器	500mℓ
松の実	50g
ホワイトリカー	450mℓ

●DATA

[飲みごろ] 2カ月後から
[コスト] 安 中 高
[味] 松の実の甘みと脂っぽさ、豆類の風味が感じられる
[アレンジする場合のおすすめのベース酒] ウォッカ
[効能] 滋養強壮・眼精疲労回復・生活習慣病予防・冷え症緩和・美肌

作り方

1

容器に松の実を入れ、ホワイトリカーを注ぐ。

松葉酒

日本では全国に自生する松は、
さまざまな薬効がありながらも、観賞用以外で
使われることが多くありません。松は新芽のほうが
薬効は高いといわれており、抗酸化作用のある
ビタミンCのほか、ビタミンAやKなどが含まれます。

素材の選び方・漬け込み時期

日本で自生する二葉松はおもにクロマツとアカマツがあり、薬用にはアカマツがよく使われます。新芽が出るのは4月。

飲み方・味わい方

20mℓほどの量を常温で、ロック、水割り、炭酸水割り。

●**おすすめの容器と材料**

保存容器	800mℓ
松葉	25g
松の実	5g
ホワイトリカー	470mℓ

●**DATA**

［飲みごろ］ 3カ月後から
［コスト］ 安　中　高
［味］ ほろ苦さがある
［アレンジする場合のおすすめのベース酒］ ウォッカ
［効能］ 抗酸化作用・高血圧予防・浄血作用・リラックス効果

作り方

1
ボウルに水を張って松葉を入れ、流水でよく洗い、キッチンペーパーで水けをふきとる。

2
容器に松葉、松の実を入れ、ホワイトリカーを注ぐ。

3カ月後　当日

メース酒

ナツメグの木にあんず大の実がなり、熟れて割れると
深紅色をした網目状の種皮が現れます。
これがメース。メースの中にある黒い種子が
ナツメグです。ナツメグより上品な甘い香りで、
デトックス作用や整腸作用が期待されます。

素材の選び方・漬け込み時期

乾燥スパイスなので、いつでもスパイス専門店などで入手可能。

飲み方・味わい方

20mℓほどの量を常温ストレート、ロック、水割り、炭酸水割り、料理酒(肉料理など)。

●**おすすめの容器と材料**

保存容器	500mℓ
メース(ホール)	8g
ウォッカ	490mℓ

●**DATA**

［飲みごろ］ 1カ月後から
［コスト］ 安　中　高
［味］ 苦みと辛みが混ざってスパイシーな味わい
［アレンジする場合のおすすめのベース酒］ ホワイトラム
［効能］ 消化促進・健胃・下痢予防・消臭作用・抗菌作用・鎮痛作用

作り方

1
メースは手でつぶす。

2
容器にメースを入れ、ウォッカを注ぐ。飲むときにメースをこす。

1カ月後　当日

ゆりの根酒

おせち料理でおなじみの「ゆり根」のこと。
生薬としても使われ、肺や気管を潤し、咳を止め、
精神を安定させ、利尿を促す働きがあるとされています。
栄養成分は炭水化物が最も多く、ビタミン、ミネラル、
食物繊維と豊富に含まれています。

素材の選び方・漬け込み時期

乾燥品なので、漢方薬局などで季節に関係なく購入できます。

飲み方・味わい方

20㎖ほどの量を常温ストレート、ロック、水割り、お湯割り。

●おすすめの容器と材料

保存容器……………………………800㎖
ゆりの根(砕き・乾燥)…… 40〜80ｇ
ホワイトリカー……………………460㎖

●DATA

[飲みごろ] 4カ月後から
[コスト] (安　中　高)
[味] クセはなく、ほのかな甘みがある
[アレンジする場合のおすすめのベース酒] ウォッカ、日本酒(アルコール度数20度)
[効能] 滋養強壮・不眠症改善・リラックス効果・むくみ緩和・便秘解消

作り方

1
ゆりの根は、端が黒ずんでいる部分を切り落とす。

2
容器にゆりの根を入れ、ホワイトリカーを注ぐ。

4カ月後

当日

龍眼酒

中国の代表的なトロピカルフルーツで、
ライチの仲間。実の食感はライチと似ていますが
甘みが強め。漢方では乾燥させたものを使い、
強い甘みを生かして心と体をリラックスさせ、
疲労回復や安眠などの改善に役立てています。

素材の選び方・漬け込み時期

乾燥した龍眼肉は中華食材店で欲しいときに購入でき、いつでも漬け込めます。

飲み方・味わい方

ロック、水割り、炭酸水割り。

●おすすめの容器と材料

保存容器……………………………800㎖
龍眼肉(乾燥)
……40ｇ(17粒、うち3粒は殻つき)
泡盛………………………………460㎖

●DATA

[飲みごろ] 1カ月後から
[コスト] (安　中　高)
[味] すっきりとした甘さでライチを凝縮したような味わい。
[アレンジする場合のおすすめのベース酒] ホワイトラム、ブランデー
[効能] 滋養強壮・補血・貧血予防・消化促進・精神安定

作り方

1
容器に龍眼肉を入れ、泡盛を注ぐ。

1カ月後

当日

ローリエ酒

特有の甘い香りとともに、くさみを消す作用があるローリエ。肉や魚料理によく使われています。漢方では食欲不振の改善やイライラ解消に使用。また、シネオールなど抗炎症作用のある成分も含まれています。

素材の選び方・漬け込み時期

乾燥スパイスなので、スーパーなどで手軽に購入可能。

飲み方・味わい方

ビール割り、ハイボール割り、水割り（好みでレモンを加えても）。料理酒（カレー、肉・魚料理など）。

●おすすめの容器と材料

保存容器……500mℓ
ローリエ（乾燥）……5g
ホワイトリカー……495mℓ

●DATA

［飲みごろ］ 3カ月後から
［コスト］ 安 中 高
［味］ すっきりとした甘みの奥に、しびれるような苦み
［アレンジする場合のおすすめのベース酒］ ウォッカ
［効能］ くさみ消し・鎮痛作用・消化促進・疲労回復・冷え症緩和・美肌

MEMO 料理にローリエをよく使用する人は、ローリエ酒を常備しておくと便利です。

作り方

1
容器にローリエを入れ、ホワイトリカーを注ぐ。

※漬け込み後にとり出したローリエは煮込み料理や入浴剤として再利用できる。

3カ月後　1週間後　当日

和山椒酒

山椒は、縄文時代から利用される日本固有のスパイスです。
ゆずのような柑橘の香りとマイルドな辛みが特徴。辛み成分のサンショオールは冷えによる腹痛の改善に役立つとされています。ほか、むくみ解消などにも役立ちます。

● **おすすめの容器と材料**

保存容器	500mℓ
和山椒	5g
ウイスキー	495mℓ

● **DATA**

［飲みごろ］ 1カ月後から
［コスト］ 安　中　高
［味］ 甘みはなく、舌がピリピリするような刺激
［アレンジする場合のおすすめのベース酒］ ブランデー
［効能］ 鎮痛作用・食欲増進・消化促進・眼精疲労回復・冷え症緩和

素材の選び方・漬け込み時期

乾燥スパイスなので、時期に関係なくスーパーなどで購入可能。

飲み方・味わい方

和山椒ならではの香りを楽しむならストレートかロック。炭酸水割り、ビール割り。

作り方

1

容器に和山椒を入れ、ウイスキーを注ぐ。

MEMO　市販のウイスキーのボトルの中に、そのまま和山椒を入れるだけで和山椒酒が完成します。

1カ月後　1週間後　当日

第6章

その他のお酒

アーモンド酒

アーモンドは抗酸化作用のあるビタミンEやポリフェノールが豊富。
アンチエイジングや美容の効果が期待できます。高カロリーなため、1日23粒(30g)程度が適量です。
食物繊維が多いため、食べすぎると下痢になってしまうこともあります。

●おすすめの容器と材料

保存容器……………………………………1ℓ
アーモンド(無塩)…………………250g
ラム酒………………………………………550mℓ

●DATA

[飲みごろ] 3カ月後から
[コスト] 安　中　高
[味] ほろ苦さの後、素材の味がする
[アレンジする場合のおすすめのベース酒]
ブランデー
[効能] 抗酸化作用・高血圧予防・整腸作用・貧血予防・美肌

素材の選び方・漬け込み時期

油で揚げたものは、保存方法によって酸化している場合もあるため、素焼きタイプ(かつ無塩)を選びましょう。年じゅう漬け込み可能。

飲み方・味わい方

20mℓほどを常温で。お湯割りにして、好みでバターを加えてもOK。ほかに、牛乳割り。

MEMO　アーモンドはそのままお酒に漬け込んでもよいですが、から煎りすることで、より香ばしくなるうえに、熟成も早まります。

作り方

1

アーモンドをフライパンでから煎りする(中火)。フライパンを揺すり続け、香ばしい香りがしたら火を止める。

2

あら熱がとれたら、容器にアーモンドを入れ、ラム酒を注ぐ。

甘栗酒

甘栗にはカリウムと葉酸が多く含まれているため、エネルギーをチャージしたいときにおすすめです。
また、食物繊維は、さつまいもの2倍もあり、便秘の解消にも役立ちます。
甘栗酒は、スイーツと一緒に楽しめるお酒です。

●おすすめの容器と材料

保存容器	800mℓ
皮つき甘栗(実のみ)	180g
ラム酒	320mℓ

●DATA

[飲みごろ] 2カ月後から
[コスト] 安　中　高
[味] 甘くてまろやか
[アレンジする場合のおすすめのベース酒]
ブランデー
[効能] 便秘解消・高血圧予防・貧血予防・抗菌作用・滋養強壮・抗酸化作用・美肌

素材の選び方・漬け込み時期

皮つき甘栗は、焼いてからの賞味期限は2〜3日のため、焼きたてを買うのがおすすめです。焼きたてのほうが香りもよい。年じゅう漬け込み可能。

飲み方・味わい方

20mℓほどを常温で。お湯割り(好みでバターを加えると体がより温まる)、牛乳割り。

作り方

1
甘栗の皮の底部分に包丁で十字に傷をつけてから、手でむく。薄皮も、ツメを使わずにむく。

2
容器に甘栗を入れ、ラム酒を注ぐ。

MEMO 栗の皮がかたいときは蒸し器で約1分蒸すと、むきやすくなります。また、甘栗の皮むき専用グッズを使っても素早くむくことができます。

2カ月後　1週間後　当日

カカオニブ酒

カカオニブは、カカオ豆を粉砕してフレーク状にしたもので、チョコレートのような香りと味わいを楽しめます。記憶力と集中力を高めるテオブロミンの含有率が高く、免疫力を高めるポリフェノールも多く含まれています。

●おすすめの容器と材料

保存容器	1ℓ
カカオニブ	80g
氷砂糖	80g
テキーラ	640mℓ

●DATA

［飲みごろ］ 1カ月後から
［コスト］ 安　中　高
［味］ チョコレートの味
［アレンジする場合のおすすめのベース酒］
ウォッカ、20〜25度の焼酎
［効能］ 抗酸化作用・血行促進・抗菌作用・記憶力向上・集中力向上・便秘解消・リラックス効果・美肌

素材の選び方・漬け込み時期

年じゅう漬け込み可能ですが、販売しているお店は少なめ。製菓材専門店や高級食材店などで売っています。ネット通販が入手しやすい。

飲み方・味わい方

ロック、水割り。牛乳割り(好みでバニラエッセンスを加えても)。

作り方

1

容器にカカオニブ、氷砂糖を入れ、テキーラを注ぐ。

MEMO　カカオニブ自体には甘みがありませんので、好みで甘みを調整してください。

1カ月後　1週間後　当日

かつおぶし酒

かつおぶしは高たんぱく・低脂肪で、必須アミノ酸9種を含む、栄養豊富な発酵食品。うまみ成分であるイノシン酸は持久力を高めるといわれています。かつおぶしは一度封を切ると、風味や食感が劣化するため、お酒に漬け込むと長く使えます。

●おすすめの容器と材料

保存容器	1ℓ
かつおぶし	25g
焼酎(アルコール度25度)	475mℓ

●DATA

[飲みごろ] 1カ月後から

[コスト] (安　中　高)

[味] 口当たりがよく、飲みやすい

[アレンジする場合のおすすめのベース酒]
ウォッカ、日本酒
(アルコール度数20度以上)

[効能] 疲労回復・血圧降下・脂肪燃焼・抗酸化作用・血行促進・美肌

素材の選び方・漬け込み時期

年じゅう入手可能。風味をより出したい場合には、原材料に「枯節」と書かれているものがおすすめですが、ほかの荒節でもOKです。

飲み方・味わい方

ロック、水割り。めんつゆ、みそ汁、お吸い物を作るときの料理酒として使うと風味が増します。

MEMO　かつおぶしには、カリウム、ビタミン、カルシウム、ミネラルなど豊富な栄養が含まれています。コラーゲンの働きを活性化させるので、美容のためにもとりたい食品です。

作り方

1

かつおぶしをよくもみます。

2

容器にかつおぶしを入れ、焼酎を注ぐ。

1カ月後　1週間後　当日

カフェライムリーフ酒

カフェライムはライムの仲間で、
日本では「こぶみかん」として親しまれています。
実より葉のほうが料理によく使われていて、
レモンに似たさわやかな香りが、
タイ料理の香りづけに欠かせません。

●おすすめの容器と材料

保存容器……………………………500mℓ
カフェライムリーフ
（こぶみかんの葉）……………2g
ウイスキー…………………………500mℓ

●DATA

［飲みごろ］1カ月後から
［コスト］ 安　中　高
［味］ 柑橘らしい酸味と苦みがある
［アレンジする場合のおすすめのベース酒］ブランデー、テキーラ、泡盛
［効能］抗酸化作用・消化促進・血行促進・美肌

1カ月後

当日

作り方

1

容器にカフェライムリーフを入れ、ウイスキーを注ぐ。

素材の選び方・漬け込み時期

タイ食材店や高級スーパーで購入可。乾燥なので、いつでも漬け込めます。

飲み方・味わい方

ロック、水割り、炭酸水割り、お湯割り。

カルメ焼き酒

昭和時代には、カルメ焼きは、
子どもたちが駄菓子屋や縁日で買う定番のお菓子でした。
ざらめと重曹、水だけで家庭でも気軽に作れます。
バターなどの脂質が入っていないため、
ヘルシーでシンプルなお菓子です。

●おすすめの容器と材料

保存容器……………………………800mℓ
カルメ焼き…………………………100g
焼酎（アルコール度数20度）…400mℓ

●DATA

［飲みごろ］当日から
［コスト］ 安　中　高
［味］ 強い甘みがある
［アレンジする場合のおすすめのベース酒］ウォッカ
［効能］胃酸過多を抑える（重曹）・疲労回復

1カ月後

当日

作り方

1

容器にカルメ焼きを入れ、焼酎を注ぐ。

素材の選び方・漬け込み時期

年じゅう入手可能。縁日では、卵白入りタイプも販売しているようです。ネットの通販が手に入りやすいでしょう。

飲み方・味わい方

ロック、水割り、牛乳割り。

くるみ酒

くるみは、オメガ3脂肪酸や抗酸化物質、ビタミンやミネラル、たんぱく質、食物繊維が多く含まれる一方、高カロリーかつ高脂質なので食べすぎには注意する必要があります。日の摂取量はひとつかみ（28g）程度が推奨されています。

●おすすめの容器と材料

保存容器	1ℓ
無塩くるみ	150g
ブランデー	100㎖
ホワイトリカー	550㎖

●DATA

［飲みごろ］ 5カ月後から

［コスト］ 安　中　高

［味］ 辛みと苦みの後、くるみの味が広がる

［アレンジする場合のおすすめのベース酒］ ラム酒

［効能］ 生活習慣病予防・不眠症改善・便秘解消・コレステロール低下・高血圧予防・美肌

素材の選び方・漬け込み時期

年じゅう入手可能。くるみに含まれるα-リノレン酸は酸化が早いため、なるべく新鮮なくるみを使いましょう。

飲み方・味わい方

20㎖ほどを常温で。牛乳割り(好みでハチミツや砂糖を加えても)。

MEMO　生のくるみを使うと、手間と時間がかかります。市販品が時短で作れるので、おすすめです。

作り方

1

容器にくるみを入れ、ブランデーとホワイトリカーを注ぐ。

黒ごま酒

黒ごまの黒い色素・アントシアニンは抗酸化作用が高く、アンチエイジング効果がバツグン。
必須脂肪酸も多く含まれています。そのまま食べても消化・吸収されにくいので、
薬用酒にしたほうが効率的に栄養を摂取できます。

●おすすめの容器と材料

保存容器	1ℓ
黒ごま	160g
ホワイトリカー	640mℓ

●DATA

［飲みごろ］ 6カ月後から
［コスト］ 安　中　高
［味］ 黒ごま特有の香ばしい香りが強い
［アレンジする場合のおすすめのベース酒］ ウォッカ、テキーラ
［効能］ 便秘解消・二日酔い予防・認知症予防・生活習慣病予防・美肌

素材の選び方・漬け込み時期

年じゅう手に入ります。色が濃く、ツヤがあり、粒がそろったものを選びましょう。

飲み方・味わい方

牛乳割り。少しずつきな粉や黒蜜を加えると味の変化が楽しめます。

MEMO たんぱく質やビタミンE・B群、カルシウム、鉄など、多くの栄養素を含む黒ごま。不飽和脂肪酸のリノール酸とオレイン酸も含まれていて、コレステロールの低下に効果があるとされています。

作り方

1

黒ごまはフライパンでから煎りする。中火でフライパンを揺すり続け、煙が上がってきたらすぐに火を止める。バットに移し替えて、あら熱をとる。

2

容器に黒ごまを入れ、ホワイトリカーを注ぐ。黒ごまを容器に投入するときは、ロウトを使う。

半年後　1週間後　当日

こんぶ酒

こんぶの約30%は食物繊維。こんぶに含まれているアルギン酸やフコイダンという水溶性食物繊維がコレステロールの吸収を抑え、胃粘膜を保護します。糖質量が低いのに、ビタミンやミネラルを摂取できるので、ダイエットに向いています。

●おすすめの容器と材料

保存容器	1ℓ
こんぶ	25g
焼酎（アルコール度25度）	475mℓ

●DATA

［飲みごろ］1カ月後から
［コスト］（**安**　中　高）
［味］こんぶそのものの味と香り
［アレンジする場合のおすすめのベース酒］
ウォッカ、テキーラ
［効能］ほてり、むくみ緩和・腫れ改善・便秘解消・血圧降下・美肌

素材の選び方・漬け込み時期

スーパーやコンビニなどでいつでも入手可能。季節に関係なく漬け込めます。

飲み方・味わい方

ロック、水割り、お湯割り。和食を中心とした料理酒として活用できます。

MEMO　こんぶの白い粉は、うまみ成分であるグルタミン酸の一種なので、ふきとらずにそのまま使いましょう。

作り方

1

容器にこんぶを入れ、焼酎を注ぐ。

1カ月後　1週間後　当日

落花生酒

落花生は一般的にピーナッツと呼ばれ、南京豆という別名もあります。
落花生の脂質にはオレイン酸が含まれ、悪玉コレステロール値を低下させます。たんぱく質やビタミン類も豊富で、薄皮には発がんを抑制するといわれるポリフェノールが多く含まれています。

●おすすめの容器と材料

保存容器……1ℓ
薄皮つき落花生(無塩)……220g
ホワイトリカー……580mℓ

●DATA

[飲みごろ] 6カ月後から
[コスト] 安　中　高
[味] 素材の味そのまま
[アレンジする場合のおすすめのベース酒] ブランデー、ラム酒
[効能] 生活習慣病予防・抗酸化作用・便秘解消・高血圧予防・美肌

素材の選び方・漬け込み時期

国産のほとんどが千葉県産です。輸入品も多く、通年、入手可能です。薄皮つきで無塩のものをお酒に漬け込んでください。

飲み方・味わい方

牛乳割りがおすすめですが、好みでハチミツや砂糖を加えてください。

作り方

1
容器に落花生を入れ、ホワイトリカーを注ぐ。

2
定期的に容器を揺すると、早く熟成する。

MEMO 落花生アレルギーの方は摂取を控えてください。

半年後　1週間後　当日

薬用酒Q&A

初めてお酒を漬けるときは、わからないことも多いはず。小さな疑問にお答えします。

準備

Q ホワイトリカーと焼酎は違うお酒ですか？

A 焼酎は甲類と乙類があり、蒸留方法が違います。甲類はホワイトリカーのこと。無味無臭でクセがなく、漬け込む素材の風味を生かしやすいお酒です。しかも、アルコール度数が35度と高いため保存性が高く、まさに薬用酒向きです。いもや麦などの本格焼酎や泡盛は乙類です。原料が持つ風味をしっかり味わうことができ、アルコール度数が20度以上あるものであれば、薬用酒として楽しむことができます。

Q よく使うベース酒のアルコール度数はどれくらい？

A 薬用酒によく使われるホワイトリカーは35度。ほか、ウイスキー、ブランデー、ラム酒、ジン、ウォッカなどは40度前後です。テキーラは90度を超えるものもありますが、薬用酒には40度程度のものが向いています。アルコール度数が高いと腐敗しにくいメリットがありますが、熟成しにくいデメリットもあります。泡盛は30度前後が中心です。日本酒は15～16度が主流ですが、20度以上のものを使えば酒税法上問題はありません。ただしアルコール度数が低い分、保存性が低いため、早めに飲みきりましょう。ビールは5度前後、ワインは7～16度程度で薬用酒には使えません。

Q 果実酒用に売られているベース酒はどんなものがありますか？

A 果実酒用のベース酒としてよく使われるのが、ホワイトリカー。焼酎の一種ですが、無味無臭で素材本来の風味を生かすことができます。アルコール度数は35度で、ほかの焼酎とくらべて保存性が高いのも長期保存する果実酒に合っています。アルコール度数が20度以下のものが多い日本酒ですが、果実酒用の日本酒なら20度程度。日本酒特有の甘みとフルーツが相まって、まろやかな味わいになります。ほかにも果実酒用のブランデーがあります。こうした果実酒用のベース酒は梅酒の時期になると、スーパーなどでも見かけるようになり、価格もお手ごろになって、買いやすくなります。

Q 糖質を抑えたいので、糖質オフの甘味料を使ってよいですか？

A 砂糖はお酒に甘みをつけるだけでなく、素材からエキスを抽出するのを促す働きや保存性を高める役割があります。とくに薬用酒によく使われる氷砂糖は漂白されていないので健康的ですし、純度が高いため、素材の風味もしっかり生かすことができます。糖分抑えめの甘味料は素材のエキスを抽出する力がじゅうぶんでなく、人工甘味料だけで漬けるのはおすすめできません。人工甘味料は漬け込まず、飲むときに、グラスに入れましょう。

Q 冷凍した青梅（冷凍素材）を使うと早く仕上がるって本当？

A 本当です。早く仕上がります。青梅を冷凍すると、青梅に含まれる水分が膨張し、周辺の組織が壊われ、解凍するとドリップします。解凍中からエキスが出てしまうので、エキスを余すところなく活用するためにも凍ったまま漬け込みましょう。

Q 甘い香りの黄熟した梅を使ってもよいですか？

A ぜひ使ってください。黄熟した梅は粒が大きく、肉厚で皮がやわらかいです。黄熟した梅を漬けたお酒は甘く濃厚な香りで、青梅とはまた違った味わいが楽しめます。ただし、ある程度、固さのある梅を選んでください。やわらかい梅を使う場合はくずれやすくお酒が濁ることがあります。その場合は梅をとり出し、液体はざるでこしましょう。

Q どんな素材でも漬けられますか？

A フルーツは基本的にどんなものも漬け込むことができますが、完熟前のややかためのものを選んでください。熟しすぎたものは実がくずれやすくお酒が濁るため、おすすめしません。ざくろの皮のような毒性のあるものは、漬け込まないでください。

Q 容器のふたが金属でも大丈夫？

A 柑橘など酸みが強い素材を、酸に弱い金属製のびんに漬け込むと、さびつきの原因になり、お酒の味や風味が落ちる可能性があります。容器はガラスやステンレス製のものがおすすめです。金属製のふたを使う場合は、びんとふたの間にラップをはさみ、ふたにお酒がふれないようにしてください。

Q エディブルフラワーはどこで買えますか？

A 百貨店や大型スーパーの野菜コーナーで見つけることができます。最近はネットショップでも購入できます。身近にある観賞用の生花は使えません。

漬けているとき・作り方

Q 素材はどんな下処理が必要ですか？

A まず素材をよく洗ってください。フルーツや野菜は皮ごと漬けることも多いので、素材の表面についた汚れやほこりを落としておくことが大事です。農薬が気になるものは、約50度のお湯で洗うようにします。洗った後は、キッチンペーパーなどでていねいに水けをふきとること。水けが残ると傷みの原因になります。

Q 柑橘の果肉についている白い筋はとらないとダメですか？

A 柑橘の白いわたや細かい筋をそのまま漬け込むと、お酒に苦みが出ることがあります。できるだけとり除きましょう。筋の細かいものは竹串やようじを使うとスムーズにとれます。日向夏のように白いわたに甘みがあるものは、残して漬け込みます。

Q 衛生上、気をつけることは？

A 保存容器は水洗い後、自然乾燥が基本です。布製のふきんを使うと繊維が残るので、使用しないでください。使用直前はアルコールで殺菌することは必須です。容器以外にも、包丁やまな板などの道具も清潔にしましょう。材料を直接手でふれるのが気になる人は、ビニール手袋をつけて作業をすると安心です。

Q 容器が大きすぎました。腐りませんか？

A 漬け込んだ素材が空気にふれていなければ、傷む心配はありません。もしお酒の中で浮いて表面から出てしまっているようなら、ラップをふんわりと丸めて液体の表面をおおい、ふたをすれば大丈夫です。

Q 砂糖が底に沈んでしまった。甘みがなじむか心配

A 砂糖はお酒より比重が重いため、漬け込んですぐは容器の中で沈んでいます。漬け込んで2～3日は、容器をやさしく振って砂糖の甘みや素材のエキスがお酒全体に行き渡るようにしましょう。振らなくても問題ありません。

Q シナモンなどスパイスも加えてよいですか？

A この本のレシピは材料を最小限にしているので、好みでシナモンやペッパーなどを加えて、どんどん自分好みにアレンジしてください。レシピのまま作っても、飲むときにそのつどお好きなスパイスなどを加えることもできます。ただし、入れすぎるとフルーツなどの主役が沈んでしまうので量には注意しましょう。

漬けた後

Q 保存場所の冷暗所とはどんなところですか？

A 日が直接当たらない、風通しのよい場所のことを言います。温度が低く(15度以下)、温度変化が少ない場所が理想的。シンク下は湿気がこもりやすいのであまりおすすめできません。

Q 氷砂糖がたくさん余りました。薬用酒以外の使い道は？

A 余った氷砂糖は煮物やジャムに使いましょう。かたまりなので溶けるまでやや時間がかかりますが、純度が高くクセがないので、使いやすいです。

Q レモンをとり出し忘れました。大丈夫？

A 大丈夫ではありません。レモンは一定期間内に必ず引き上げてください。皮つきレモンは1カ月以内、皮なしレモンは2カ月以内が限界です。これ以上、漬け込むとお酒がまずくなります。レモンの引き上げを忘れると、その後、甘味料を加えても味の修正が難しいです。

Q どんな味になったら「飲みごろ」なの？

A 素材、糖類、ベース酒の味や風味が調和し、まろやかさを感じたら飲みごろです。渋みや酸が際立ち、舌やのどごしが不快だったり、角があったり、違和感があればまだ飲みごろではないということ。もう少し熟成するのを待ちましょう。

Q こした後のお酒はどこに保存すればいい？

A こした後のお酒は、いままで保存しておいた冷暗所でもかまいませんが、アルコール度数が低い日本酒がベースのお酒は冷蔵庫に入れて保存し、早めに飲みきりましょう。

Q 健康のため毎日飲むならどれくらいの量がいい？

A 健康のため、薬酒として毎日飲むなら、少量でOKです。1日に飲む量の目安は20mℓ、多くても30mℓ（おちょこ1杯分ぐらい)でじゅうぶんです。薬用酒は飲んですぐに効果が出るという性質のものではないので、少量ずつ気長に続けることが大事です。

Q 漬けたお酒は、人にはあげてはいけないの？

A 自家製のお酒は、自分と家族が楽しむものとされています。酒税法では、自家製酒の販売は禁じられているものの、他人への提供や譲渡についての詳細は明記されていません(2020年4月現在)。ですから、良識の範囲で、友人や知人にふるまったり、小びんで譲ったりすることが望ましいのではないでしょうか。※酒税法は内容が変わることもありますので、つど確認してください。

索引

●五十音順